Augusto Boal
Einführung

Armin Staffler,
geb. 1975, wohnhaft in Ranggen, Tirol/Österreich, Politologe und Theaterpädagoge BuT®, Obmann von „spectACT – Verein für politisches und soziales Theater“ (www.spectACT.at). Theaterprojekte in zahlreichen Gruppen, Gemeinden, Schulen, Gemeinwesen zu Themen des Zusammenlebens, Lehraufträge als Theaterpädagoge u. a. am UNESCO Chair for Peace Studies an der Universität Innsbruck für Methoden des Theaters der Unterdrückten und des Theatre for Living im Modul „Cultures of Peaces“ (seit 2002), am Institut für LehrerInnenbildung und Schulforschung an der School of Education der Universität Innsbruck (seit 2007), an der Pädagogischen Hochschule in Heidelberg (2008-2015), am Lateinamerika Institut der Universität Wien (2003-2008) und an den Master-Lehrgängen für Theaterpädagogik der PPHD Linz und der KPH Wien/Krems (seit 2013). Übersetzer des Buches „Theatre for Living. The art and science of community-based dialogue“ von David Diamond (dt. „Theater zum Leben“, ibidem-Verlag, 2012). Buchbeiträge in zahlreichen Publikationen. Ausgezeichnet mit dem Österr. Verwaltungspreis für „Mach mit! Es geht um uns!“ (2016, Legislatives Theater zur Mitgestaltung des Tiroler Teilhabegesetzes), nominiert für den K3-Preis für Klimakommunikation und die BNE-Auszeichnung 2022 (Bildung für nachhaltige Entwicklung) für „Man könnte, man sollte, man müsste… Das Theater mit dem Klimawandel“. Konzeption und Durchführung des theaterpädagogischen Angebots „act it! - Forumtheater in der Suchtprävention“ der Tiroler Fachstelle „kontakt+co Suchtprävention Jugendrotkreuz“ (seit 2000), Fachbereichsleiter für politisches und soziales Theater im Theater Verband Tirol, Vorstandsmitglied der ARGE Forumtheater Österreich.
www.staffler.at

Armin Staffler

Augusto Boal
Einführung

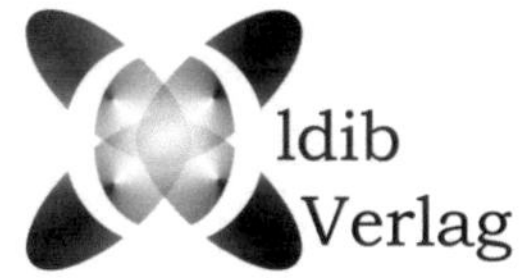

Bibliografische Information der Deutschen Nationalbibliothek
Die Deutsche Nationalbibliothek verzeichnet diese
Publikation in der Deutschen Nationalbibliografie;
detaillierte bibliografische Daten sind im Internet
über http://dnb.ddb.de abrufbar.

(2. Auflage, überarbeitet und erweitert)
(Erstausgabe 2009)

Oldib Verlag Oliver Bidlo, Waldeck 14, 45133 Essen

Bild: *Portrait Augusto Boals, Wahlkampf in Rio de Janeiro 1992*
Druck: BoD, Norderstedt
ISBN 978-3-910869-05-9

Inhalt

Danksagung

„Why do we make theatre? Because we want to be happy!"
(Augusto Boal)

Ich danke meinen Lehrerinnen und Lehrern, die mir das Theater der Unterdrückten nähergebracht haben: Andreas Keckeis, Lisa Kolb-Mzalouet, Irmgard Bibermann, Augusto Boal und vielen anderen, allen voran David Diamond, der mir neue Zusammenhänge für die Arbeit mit Theatermethoden aufgezeigt hat. Ich danke allen, die wie ich als Lernende in den Kursen und Ausbildungen gewesen sind und von denen ich lernen durfte, und ich bedanke mich bei all meinen Auftraggeber*innen für ihr Vertrauen. Mein größter Dank gilt allen, mit denen ich arbeiten durfte, von ihnen habe ich am meisten gelernt.

Für ihre Unterstützung bei den Übersetzungen bedanke ich mich sehr herzlich bei Shirley Pogorelcnik und Marion Matuella, ebenso bei Hedwig Dejaco fürs Korrekturlesen. Für das zur Verfügung Stellen der Fotos bedanke ich mich bei Josefina Echavarría. Für ihre Großzügigkeit und jahrelange Unterstützung bedanke ich mich bei Irmgard Bibermann. Und ich bedanke mich bei Martina Natter, ohne deren Anregungen, Fragen und Korrekturen dieses Buch nie fertig geworden wäre.

Ich widme dieses Buch Augusto Boal, der mir vor, während, zwischen und nach unseren Begegnungen durch seine Arbeit mit ermöglicht hat, das zu sein, was ich bin.

1. Einleitung

> „My words are loved ones, their pulse beats, they breathe! My words are me, part of me, the best part. If I want to know who I am, I have the best mirror: the words I say, I write. My plays, my books. Are me. Others think differently. Who am I to think that only what I say is right?“[1]

Diese Einführung besteht aus geschriebenen Worten, sie zeigt kein Theaterstück, sie ist kein Lied und kein Gemälde. Diese Worte versuchen ein Bild Augusto Boals und des Theaters der Unterdrückten (TdU) wiederzugeben. Viele Menschen haben Augusto Boal und das TdU kennengelernt und sich ihr eigenes Bild gemacht. Ich darf hier meine Version wiedergeben. Mehr als zehn Jahre nach Augusto Boals Tod habe ich diese Einführung überarbeitet, da und dort ausgebessert oder ergänzt. Nach wie vor sind es meine Worte, aber auch die Worte Boals aus seinen Büchern, aus Interviews und persönlichen Gesprächen und die Worte anderer. Wir lernen ständig dazu und jede*r hat das Recht, seine/ihre Meinung zu ändern und wir alle haben das Recht auf Mehrdeutigkeit und Widersprüchlichkeit. Ich denke oft an einen Moment in meinem letzten Workshop bei Augusto Boal 2008 in London (auf Einladung von Adrian Jackson, Cardboard Citizens) zurück. Ein anderer Teilnehmer sagte, auf Boal deutend, sinngemäß zu mir: „Er macht es nicht so, wie er es in seinen Büchern beschreibt.“ So what? Im deutschsprachigen Raum gibt es sehr viel Literatur zum Theater der Unterdrückten. Ein unvollständiger Ein- und Über-

[1] „Meine Worte sind geliebte Worte, sie haben einen Herzschlag, sie atmen! Meine Worte sind ich, ein Teil von mir, der beste Teil. Wenn ich wissen will, wer ich bin, habe ich den besten Spiegel: die Worte, die ich sage, die ich schreibe. Meine Stücke, meine Bücher. Sie sind ich. Andere denken anders. Wer bin ich, zu denken, dass nur das, was ich sage, richtig ist?“ Augusto Boal: *Hamlet and the Baker's Son. My Life in Theatre and Politics*, London, New York, 2001, S. 236.

blick darüber findet sich im Literaturverzeichnis. Originalliteratur von Augusto Boal selbst gab es seit dem *Regenbogen der Wünsche* (1999, Neuauflage 2006) lange keine mehr in deutscher Übersetzung. Dem Einsatz von Till Baumann und Birgit Fritz ist es zu verdanken, dass *Übungen und Spiele für Schauspieler und Nicht-Schauspieler* (2013) sowie *Hamlet und der Sohn des Bäckers* (2013) nun auf Deutsch vorliegen.[2] Till Baumann hat es dabei geschafft, alle in anderen Sprachen vorliegenden Fassungen in seine Übersetzung mit einzubeziehen.[3] Es fehlen also noch *Legislative Theatre* (Legislatives Theater) und *The Aesthetics of the Oppressed*[4] (Die Ästhetik der Unterdrückten). Langsam wird also „das gelbe Büchl" (edition suhrkamp) aus dem Jahr 1989 (bzw. der unveränderte Nachdruck von 2009), in dem verschiedene Bücher von Boal – darunter der auf Deutsch allerdings nur noch dort vorliegende Grundlagentext *Teatro do Oprimido e outras poéticas políticas* – zu einem Band zusammengefasst sind[5], obsolet. Es ist in gewisser Hinsicht ein „missverständliches Konglomerat aus vielen Publikationen"[6]. Nach wie vor stellt es aber das Standard- und

[2] Ich habe bei den Zitaten in diesem Buch die englischsprachigen Ausgaben herangezogen und meine Übersetzungen beibehalten, weshalb es zu leichten Abweichungen gegenüber der Arbeit von Till Baumann oder Birgit Fritz kommen kann.

[3] brasilianisch 1998, spanisch 2001, englisch 2002, französisch 2004;

[4] 1998 bzw. 2006 erschienen. In portugiesischer Sprache (Brasilien, 2003) erschien erst *O Teatro como Arte Marcial* (Theater als Kampfkunst), das wurde für das englische *The Aesthetics of the Oppressed* ergänzt, um dann posthum mit weiterem Material unter dem Titel *A Estética do Oprimido* (Brasilien, 2009) veröffentlicht zu werden.

[5] *Teatro do Oprimido e outras poéticas políticas*, Rio de Janeiro, 1975 (dt. *Theater der Unterdrückten*, 1979); *Técnicas Lationamericanas de teatro Popular*, Coimbra, 1977; *Duzentos exercícios e jogos para o actor e o não actor com ganas de dizer algo através do teatro*, Lisboa, 1978; Henry Thorau in: Augusto Boal: *Theater der Unterdrückten. Übungen für Schauspieler und Nicht-Schauspieler*, Frankfurt am Main, 1989 (unveränderter Nachdruck 2009), S. 270.

[6] Bernd Ruping schreibt diese Aussage Augusto Boal selbst zu. Bernd Ruping: „Vom szenischen Erkunden psycho-sozialer Befindlichkeiten. Er-

Einstiegswerk und für viele die erste Begegnung mit Theorie und Praxisberichten des TdUs dar. Sonstige Bücher, so z. B. seine Romane und viele der Stücke, die Boal geschrieben hat, liegen in deutscher Sprache nicht vor. Das vorliegende Einführungswerk kann all diese Lücken nicht schließen, möchte aber Interessierten am Theater der Unterdrückten und an der Person Augusto Boals einen aktualisierten Zugang ermöglichen und allen, die sich in der Folge intensiver auseinandersetzen wollen, ein Wegweiser sein.
Ziel dieses Buches ist es nicht, die vielen Übungen und Spiele Boal'schen Theaters zu beschreiben, die lassen sich viel besser erleben. Diese Einführung, die ich vor allem als Hinführung verstanden wissen will, macht es sich zur Aufgabe, Augusto Boal und das TdU, so wie ich die beiden kennengelernt habe, verständlich zu machen und ihre Entwicklung zu zeigen. Mehrfach hat er betont, dass die Methoden für die Menschen da seien und nicht die Menschen für die Methoden.[7] Zuerst kommen die Menschen, dann deren Probleme und Anliegen und erst ganz zum Schluss geht es darum, zu schauen, welche Methoden helfen könnten. Die Probleme *machen* die Methoden. Wenn die Methoden Probleme machen, kann es nicht Theater *der* Unterdrückten sein. Das bedeutet auch, dass es immer um die konkreten Fragen konkreter Menschen geht und nicht um Hollywood-Geschichten oder die Probleme von Unbekannten. Das TdU ist vielschichtig und beinhaltet ein humanistisch geprägtes Menschenbild, ein demokratisches Kunstverständnis, ein marxistisch geprägtes Geschichtsverständnis, eine dialogische, Freire'sche Pädagogik und arbeitet mit einer antikapitalistischen, sozialpolitischen Grundhaltung.

---

fahrungen mit einem Workshop zum ‚Theater der Unterdrückten' 1989" in: ders. (Hrsg.): *Gebraucht das Theater. Die Vorschläge Augusto Boals: Erfahrungen, Varianten, Kritik.* Lingen, Remscheid, 1991, S. 53.

[7] z. B. in Augusto Boal: *Games for Actors and Non-Actors. Second Edition*, London, New York, 2002, S. 9, oder *Legislative Theatre. Using performance to make politics*, London, New York, 1998, S. 47.

Das TdU ist eine lebendige Bewegung mit gesellschaftspolitischen Ansprüchen und gleichzeitig ein offenes System. Als solches habe ich es schätzen gelernt. Zwischen 1999 und 2008 habe ich Augusto Boal einige Male erlebt, als Vortragenden, als Leiter von Workshops und in persönlichen Gesprächen, weshalb es mir unmöglich ist, alles, was Boal gesagt hat, exakt zu zitieren. Ich verlasse mich dabei auf meine Protokolle und mein Gedächtnis.

Im Anhang findet sich eine kommentierte Literaturliste für diejenigen, die weiter gehen wollen. Es gibt neben der Originalliteratur von Boal sehr viele lesenswerte Bücher, die sich vertiefend oder kritisch mit dem TdU auseinandersetzen.

Um die Verbundenheit des Theaters der Unterdrückten mit der Person Augusto Boals deutlich zu machen, habe ich seine Geschichte in die jeweiligen Kapitel eingebettet.

Diese Ein- und Hinführung ist mein persönlicher Zugang auf dem Weg, den ich bisher mit dem TdU gegangen bin. Ich hoffe, dass dieser Weg für viele nachvollziehbar ist und ich wünsche jeder Leserin und jedem Leser viel Vergnügen sowie Anregungen, den Weg selbst weiterzuverfolgen.

In meiner theaterpädagogischen Arbeit bin ich sowohl als Leiter als auch als Teilnehmer meistens in der Situation, einer männlichen Minderheit anzugehören. Mir ist es ein großes Anliegen, alle Menschen gleichermaßen anzusprechen, was in gesprochener Sprache keine Schwierigkeit darstellt. In schriftlicher Form stellte mich das jedoch vor eine Herausforderung: Ich habe mich deshalb entschieden, immer wieder generisch weibliche und männliche Formen zu verwenden und teilweise auf neutrale Formen (z. B. Spielende) oder den „*“ zurückzugreifen. In wenigen Fällen habe ich mir vorbehalten nur die männliche Form zu verwenden, um den Lesefluss zu erhalten und den Text nicht in die Länge zu ziehen.

2. Glossar

CTO:

„Centro de Teatro do Oprimido“ oder „Centre of Theatre of the Oppressed“. Das CTO in Rio de Janeiro[8] ist so etwas wie das globale Zentrum. In Afrika ist auf Grund der gemeinsamen portugiesischen Sprache seit langem ein CTO in Maputo[9] (Mosambik) etabliert. Weiters gibt es mit „Jana Sanskriti“[10] ein CTO in Indien und ein CTPO (Centre for Theatre & Pedagogy of the Oppressed)[11] in New York. Wobei es dort auch „TONYC“ (Theatre of the Oppressed New York City) gibt.[12] Mit CTO/ATA/LA (CTO/Applied Theatre Arts, Los Angeles) gab es eines in Los Angeles (2001-2005)[13]. Es gab ein CTO in Paris, das nach der Rückkehr Boals nach Brasilien weiter bestand, sich aber in der Zwischenzeit aufgelöst hat. Anzumerken ist, dass keine Kriterien existieren, was ein CTO auszeichnet und warum andere ähnlich arbeitende Organisationen kein CTO sind.

Joker:

Die Entstehung des Begriffs Joker für das TdU liegt in seiner Variabilität beim Kartenspielen begründet. Ebenso vielseitig einsetzbar ist diese Figur im TdU. Sie stellt das Bindeglied zwischen der Welt des Theaters und der Welt des Publikums dar. Weil es sich um eine Bühnenfigur handelt, kann sie von allen Menschen gespielt werden.

---

[8] http://augustoboal.com.br/ (Instituto Augusto Boal, „alles“ über Augusto Boal, nur Portugiesisch)

[9] https://ctomaputo.org.mz/ (18.08.2022)

[10] https://janasanskriti.org/ (18.08.2022)

[11] https://www.ctpo.org (18.08.2022)

[12] https://www.tonyc.nyc/ (18.08.2022)

[13] Jennifer Lang Dithridge: CTO/ATA/LA: The Curtain is drawn on a “Rehearsal for Revolution”, Los Angeles, 2012, vii. online: https://scholarworks.calstate.edu/concern/theses/w0892d853?locale=fr (18.08.2022)

spect-actor:

> „‚Zuschauer' – welch eine Beleidigung. Der Zuschauer, das passive Wesen par excellence, ist weniger als ein Mensch. Es tut not, ihn wieder zum Menschen zu machen, ihm seine Handlungsfähigkeit zurückzugeben."[14]

Das bedeutet, dass im TdU nicht nur die Zuschauer*innen zu Handelnden, sondern auch, dass die Schauspieler*innen zu Beobachtenden werden. Die Hierarchie wird nicht nur umgekehrt, es erfolgt ein Ausgleich. Es entsteht ein Dialog des Zuschauens und Handelns. Im Deutschen wird dafür der Begriff „ZuSchauspieler*in" verwendet. In einem Workshop des TdUs werden für mich die Teilnehmer*innen dazu analog zu Teilgeber*innen.

Protagonist/Antagonist:

Der/Die Protagonist*in ist diejenige Figur, von der die Handlung ihren Ausgang nimmt. Ihr gehört im Theater der Unterdrückten die Sympathie und Solidarität. Antagonist*innen sind die Gegenspieler*innen, die ihn/sie an der Handlung hindern. Das TdU will, dass alle Menschen zu Protagonist*innen in ihrem Leben werden.

Introspektive Techniken:

Überbegriff für die Techniken, die zuerst den Blick nach innen, auf das Individuum richten, um dann den Fokus wieder auf das Soziale zu lenken.

Prospektive Techniken:

Überbegriff für untersuchende Methoden, die angewandt werden, um Erkenntnisse über sich oder Sachverhalte zu gewinnen. Meist sind dies Techniken des Bildertheaters.

---

[14] Augusto Boal: *Theater der Unterdrückten. Übungen für Schauspieler und Nicht-Schauspieler*, Frankfurt am Main, 1989, S. 66.

Extrovertierte Techniken:
Methoden, die eine Aufführung zum Ziel haben und/oder sich für öffentliche Vorführungen eignen, insbesondere „Forumtheater“ und „Unsichtbares Theater“. Aber auch „Regenbogen der Wünsche“ und „Polizisten im Kopf“ können in Form öffentlicher Aufführungen stattfinden.
Vierte Wand:
Jene Trennlinie zwischen Bühne und Publikum, die von Publikumsseite durchschaut, aber nicht überschritten werden kann. Manche Theaterformen (Brecht'sches Theater, Improtheater) ermöglichen ansatzweise eine Aufhebung, Boal durchbricht sie.

3. Grundlagen und Perspektiven

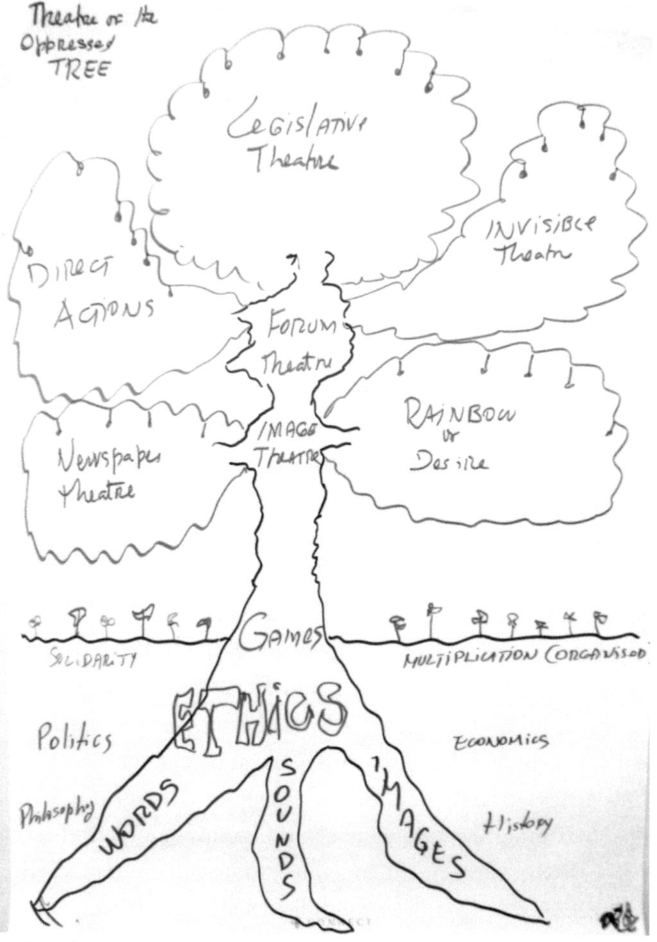

Gezeichnet von Augusto Boal, Innsbruck 2005, Foto: Josefina Echavarría

Das Theater der Unterdrückten wurde von Boal als Baum dargestellt, als lebendiger Organismus mit Wurzeln, einem Boden, auf dem er steht, mit einem festen Stamm und mit Ästen und Verzweigungen. Auf diesem Baum können neue Äste wachsen, es können Früchte reifen und aus den Samen können auf fruchtbarem Boden neue Bäume entstehen. In diesem Baum können auch Vögel nisten oder sich kurz niederlassen und weiterfliegen und die Samen verbreiten.

Gewachsen ist dieser Baum in Südamerika, ungefähr ab der Mitte des 20. Jahrhunderts auf dem Boden der damaligen politischen, wirtschaftlichen, künstlerischen und historischen Grundlagen. Boal kreuzte, experimentierte und züchtete aus dem Saatgut, das ihm zur Verfügung stand, ein zartes Pflänzchen und seitdem wächst und gedeiht es, sodass inzwischen ein Garten existiert, in dem sich zahlreiche Gärtner*innen um die Bäume des Theaters der Unterdrückten bemühen.

Wenn man das Wesen des TdUs auf seinen wichtigsten Verdienst reduzieren wollte, so würde ich meinen, dass es ihm gelingt, die Trennung von Schauspieler*innen und Zuschauer*innen, Bühne und Zuschauerraum, aktiv und passiv, Hochkultur und Volkskultur aufzuheben und einen ästhetischen Raum für Dialoge zu kreieren, in dem zusammen gearbeitet, gespielt, gelacht, gedacht und geplant wird. Und weil im Theater Räume, Zeiten, Personen und Realitäten gestaltbar sind, lässt sich im und mit dem TdU das Leben von Einzelnen und der Gemeinschaft in all seinen Dimensionen gestalten.

Die Ziele des TdUs sind die Befreiung der Unterdrückten und die Verwandlung von Zuschauer*innen in Hauptdarsteller*innen und von Konsument*innen in Produzent*innen. Das Theater gehört den Menschen und diese sollen es nutzen. Auf die Frage, die ihm öfters gestellt wurde, ob die Bezeichnung „Theater der Unterdrückten“ nicht unglücklich oder nicht mehr angemessen gewählt sei, antwortete Boal gegen Ende seiner Autobiografie, er hätte sich trotz zwischenzeitlicher Zweifel mit der Bezeichnung angefreundet und er verwende sie in respektvollem Andenken an Paulo Freire und dessen „Pädagogik der Unterdrückten". Es ging bei der Entstehung des Begriffs auch um die Wahl eines Buchtitels. Der Vorschlag Boals „Poéticas Políticas" („Politische Poesie") würde sich laut Buchhändler schlecht verkaufen, der Titel „Poética do Oprimido" („Poesie der Unterdrückten") würde falsche Erwartungen wecken. Es wurde schließlich „Teatro do Oprimido".

> „Still today, for some, it sounds like ‚Deprimido', although it is about uprising, about what you consider worth struggling for, about being happy. Imagine if I had called it ‚Theatre of Happiness', ‚Theatre of Revolution', ‚Theatre of the Invented Future'! – pretentious. It stayed as it is, and now I like it."[15]

Der Name „Theater der Unterdrückten" bezeichnet die Essenz. Er beschreibt nicht nur das „Was", sondern auch das „Woher". Andere Begriffe, wie „Theater der Befreiung" u. ä., bezeichnen das „Wohin" und „Wozu". Das hat seine Berechtigung, doch im Wissen um die Herkunft liegt ein Vorzug gegenüber dem Wissen um das Ziel. Je besser ich darüber Bescheid weiß, woher ich komme, desto eher bekomme ich eine Ahnung davon, wohin ich will. Ohne eine Analyse kann ich keine Diagnose stellen und keine Strategie entwickeln und keine zielgerichteten Handlungen ausführen. Die Eckpunkte Analyse, Aktion und Reflexion und deren ständige Wechselbe-

---

[15] „Selbst heute noch klingt es für einige nach (Theater der) ‚Deprimierten', obwohl es um das sich Erheben geht, um das, was man als das erachtet, wofür es sich zu kämpfen lohnt, ums Glücklichsein. Stellt euch vor, ich hätte es ‚Theater des Glücks', ‚Theater der Revolution', ‚Theater der Erfindung der Zukunft' genannt! – anmaßend. Es blieb wie es ist, und jetzt gefällt es mir." Augusto Boal: *Hamlet and the Baker's Son, My Life in Theatre and Politics*, London, New York, 2001, S. 311.

ziehungen braucht es in einer bewussten, sowohl theatralisch als auch politisch anspruchsvollen Arbeit.[16]

3.1 Historische Grundlagen

Zeit und Ort spielen eine wesentliche Rolle in der Entstehungsgeschichte des TdUs. Es entwickelte sich in der zweiten Hälfte des 20. Jahrhunderts bis heute, zuerst in Brasilien, dann im restlichen Südamerika, dann in Europa, schließlich wieder in Brasilien und inzwischen in der gesamten Welt von Vanuatu bis in die USA. Das TdU Anfang der 1970er-Jahre in Brasilien unterscheidet sich naturgemäß vom TdU im heutigen Europa, ebenso wie es sich von jenem in Indien, in Nordamerika und in Afrika unterscheidet, so wie die Formen der Unterdrückung und des Theaters verschieden voneinander sind. Gemeinsam bleibt ihnen das Ankämpfen gegen Unterdrückung mit Hilfe des Theaters. Auch die Begriffe „Unterdrückung" und „die Unterdrückten" sind historisch geprägt, verweisen auf ein marxistisches Klassendenken und stehen in Südamerika in engem Zusammenhang mit dem Gedankengut der Befreiungstheologie.
Zum geschichtlichen Hintergrund des TdUs gehört die Geschichte Brasiliens, wo nach der Unabhängigkeit von Portugal (1822) und einem feudalen System bis 1891 die „Vereinigten Staaten von Brasilien" ausgerufen wurden. Das Land geriet zunehmend in ein Abhängigkeitsverhältnis zu den USA und zu den Einnahmen aus dem Kaffeeexport. Die Weltwirtschaftskrise und der Einbruch des Kaffeepreises trafen das Land besonders hart und es kam 1930 zu einer Revolution. Der Liberale Getúlio Vargas wurde Präsident, kurbelte die Wirtschaft

[16] Die Bedeutung dieses Zusammenhanges für sozio-politische Theaterarbeit hat David Diamond unter Berufung auf den italienischen Theoretiker Antonio Gramsci (1891–1937) festgehalten. David Diamond: *Theatre for Living. The art and science of community-based dialogue*, Victoria (BC), Oxford, 2007, S. 176 f.

an und unterdrückte 1935 einen kommunistischen und 1938 einen faschistischen Aufstand. Bereits 1937 errichtete er ein autoritäres System mit ihm als Diktator des „Neuen Staates" (Estado Novo). Im Zuge des 2. Weltkrieges durfte er, mit Duldung der USA und im Austausch mit der Entsendung brasilianischer Truppen nach Italien, das Land industrialisieren. 1945 wurde Vargas von der Armee gestürzt, allerdings kehrte er 1951 als gewählter Präsident an die Spitze des Staates zurück. Er geriet aufgrund seiner sozialistischen Politik unter den Druck der USA und kämpfte innerstaatlich gegen die politisch Rechte und die Armee. 1954 beging er Selbstmord. Die Heterogenität der bestimmenden Eliten der brasilianischen Bevölkerung (portugiesische, italienische, spanische und deutsche Linke und Rechte) spiegelte sich auch in der politischen Landschaft wider. Wirtschaftlich und politisch bedeutete die Zeit nach dem Zweiten Weltkrieg für Brasilien Aufschwung und Neuorientierung. Ausländische Investoren wurden ins Land gelassen, 50 Jahre sollten laut einer Präsident Juscelino Kubitschek zugeschriebenen Parole in fünf Jahren durchlaufen werden. Unter Künstler*innen waren in den 1950er-Jahren vor allem der Kommunismus, der Sozialismus sowie die dazugehörigen Parteien sehr beliebt und auch Boal sympathisierte mit der Linken.[17] Zu Beginn der 1960er-Jahre war Brasilien beinahe bankrott und die sozialen Reformbemühungen stießen bei Militär und ausländischen Investoren auf Widerstand. Schließlich putschte das Militär und stürzte den Präsidenten João Goulart. Die Militärdiktatur verbot die Linke, schränkte die bürgerlichen Rechte ein und kontrollierte Regierung und Präsidentenamt. Die Studentenunruhen und Streiks im Jahre 1968 führten zu politischen Säuberungsaktionen, die Zensur wurde verschärft. Das Militär setzte 1969 einen neuen Präsidenten (General Médici) ein, der die Repressionen noch verstärkte. Der

[17] Augusto Boal: *Hamlet and the Baker's Son*, London, New York, 2001, S. 173.

Widerstand der katholischen Kirche und der Intellektuellen nahm zwar zu, aber der Terror der Diktatur ging mit Verhaftungen, Folter, Verschleppungen, politisch motivierten Morden und Massenmorden an der indigenen Bevölkerung, ab Beginn der 1980er-Jahre zwar in abgeschwächter Form, bis 1985. Zugleich erlebte Brasilien mit Hilfe ausländischer Investoren (v. a. aus den USA und Deutschland) einen Wirtschaftsboom. In der Zeit von 1956 bis 1971 entwickelte Augusto Boal vor diesem Hintergrund sein Grundverständnis von einem Volkstheater, an dem er im Exil und später wieder in Brasilien ständig weiterarbeitete.

Ab 1985 begann sich langsam ein demokratisches System zu etablieren. Die erste Zeit war jedoch von hohen Auslandsschulden, einer enormen Inflation und Korruption gekennzeichnet. Ein erster Schritt zur wirtschaftlichen Stabilisierung war die Gründung des Mercosur, einer Wirtschaftsgemeinschaft, die von Brasilien, Argentinien, Uruguay und Paraguay gegründet wurde. Die Korruption blieb eines der größten Probleme des Landes. In einem Referendum entschied sich die Bevölkerung 1993 für eine präsidiale Republik als Staatsform und somit gegen eine Monarchie bzw. eine parlamentarische Republik. Von der chronischen wirtschaftlichen Misere begann sich Brasilien erst zu Beginn des 21. Jahrhunderts zu erholen. Eine deutliche Zäsur brachte 2002 die Wahl von Luiz Inácio da Silva, genannt „Lula“, von der brasilianischen Arbeiterpartei PT (Partido dos Trabalhadores) zum Präsidenten. Er schrieb sich die Bekämpfung des Hungers und eine Landreform auf seine Fahnen und schaffte es, zugleich mit einer liberalen Wirtschaftspolitik, den Staatshaushalt zu sanieren. Allerdings kämpfte der bei der Bevölkerung sehr beliebte Präsident mit Fällen politischer Korruption, auch in den eigenen Reihen. 2006 schaffte „Lula“ die Wiederwahl. Er war bis 1. Jänner 2011 im Amt.

Für das TdU muss man ab 1971, als Augusto Boal ins Exil ging, die historischen Grundlagen breiter auslegen. War in der Zeit vorher zwar das internationale Weltgeschehen auch von Bedeutung, etwa der Vietnamkrieg oder die Kubakrise, so konzentrierten sich die Ursachen und Wirkungen des TdUs doch vorerst auf Brasilien. Mit Boals Exil verbreitete sich seine Arbeit. Er ging nach Argentinien, das selbst eine politisch wechselhafte Periode zwischen demokratisch gewählten Regierungen und Militärregierungen durchlief, nach Peru, das von einer linksgerichteten Militärjunta regiert wurde. Er reiste für Gastspiele in die USA unter Präsident Nixon und nach Mexiko, emigrierte 1976 nach Portugal, das bis 1974 eine Ein-Parteien-Diktatur gewesen war, ging nach Frankreich und auch nach Deutschland, das im Bann der RAF stand. Die jeweiligen historischen Hintergründe spielen im TdU eine wesentliche Rolle. Die Frage für Praktizierende lautet: Vor welchem Hintergrund mache *ich* Theater der Unterdrückten? Welches sind die historischen Gegebenheiten in der Region, in dem Land, in dem ich arbeite? Welche revolutionären, politischen, gesellschaftlichen Traditionen bereiteten den Boden, auf dem TdU von mir praktiziert wird?

Ebenso spielt die persönliche Geschichte eine entscheidende Rolle. Es macht einen Unterschied, ob ich als Mann* oder als Frau* TdU mache, ob ich als Hintergrund den Schauspielberuf habe oder aus der Pädagogik, der Sozialarbeit oder der Pharmaindustrie komme. Eine bäuerliche Gruppe wird anders arbeiten als eine studentische, eine ländliche anders als eine städtische und Kinder anders als Senioren. Vor allem als Joker muss ich mir meines Hintergrunds bewusst sein. Was ich mitbringe, darf ich einbringen, was mir fehlt, darf ich nachholen.

Boals Geschichte I

Augusto Boal wurde am 16. März 1931 in Penha, einem Arbeiterviertel in Rio de Janeiro, als Sohn portugiesischer Emigranten aus gutbürgerlichem Haus mit einem ausgeprägten Gerechtigkeitssinn, einer Abneigung gegen Opportunisten und viel Sympathie für die Schwachen sowie einer großen Liebe zum Theater geboren.

Viele Zuschreibungen und Berufsbezeichnungen treffen auf Boal zu. Er war Regisseur, Autor von Stücken und Büchern, Theaterpädagoge (eine Bezeichnung, die auf den deutschen Sprachraum begrenzt ist), Seminarleiter, Theatermacher, Politiker. Seine Berufung war das Theater der Unterdrückten.

Boals Werdegang ist geprägt von seiner Zeit, seinen Zeitgenoss*innen[18] und einem dichten sozialen Netz, das ihn beruflich und privat immer wieder getragen und aufgefangen hat. Die Freundschaften und Beziehungen zu anderen Menschen nehmen eine zentrale Rolle in seinen Ausführungen ein.

Da ist zunächst seine Familie: seine Eltern Albertina Pinto Boal und José Augusto Boal, sowie seine Schwestern Augusta und Aida und sein Bruder Albertino. Augusto ist das jüngste Kind. Der Vater führte eine gutgehende Bäckerei. Mit der Wahl des Titels seiner Autobiografie *Hamlet und der Sohn des Bäckers* wies Boal respektvoll darauf hin. Die Boals hatten ein großes Haus mit Garten, beschäftigten Hausangestellte und mussten selbst in schwierigen Zeiten keine Not leiden. Augusto Boals Kindheit dürfte nach seinen eigenen Schilderungen glücklich verlaufen sein. Als 11-Jähriger begann er im elterlichen Betrieb mitzuhelfen, die Familie zog in bescheidenere Verhältnisse. Später kaufte der Vater wieder ein Haus und mit der Zeit wurden es sogar mehrere. Augusto Boal schreibt, dass er es immer liebte, Leute zu beobachten. Er studierte ihre Bewegungen, ihre Phrasen und begann sie „vorherzusagen", mit

---

[18] „Die zeitliche und inhaltliche Überschneidung in der Entwicklungsgeschichte der Humanistischen Psychologie, der Pädagogik der Unterdrückten, der Theologie der Befreiung, des Theaters der Unterdrückten [...] ist kein Zufall." Wolfgang Dietrich: Variationen über die vielen Frieden Band 2: Elicitive Konflikttransformation und die transrationale Wende der Friedenspolitik, Wiesbaden, 2011, S. 262

dem Gefühl, er sei der heimliche Lenker des Geschehens.[19] Große Leidenschaft entwickelte er auch fürs Lesen und Schreiben. Beim Lesen von Geschichten, die ihm nicht gefielen, entschloss er sich kurzerhand, die Geschichte eben nach seinem Dafürhalten umzuschreiben, und er begann Stücke zu schreiben, in denen er die gelesenen griechischen und afrikanischen Mythen mit seinen Alltagsbeobachtungen vermischte.[20]

Mit 15, so schreibt er, begann seine Metamorphose von der Raupe zum Schmetterling. Boal wechselte die Schule, sein Horizont weitete sich in vielerlei Hinsicht und er zollte dabei seinen Lehrern großen Respekt. Was er an ihnen schätzte, war die Fähigkeit Inhalte darzustellen. Er verknüpfte seine Sympathien für den Lehrer als Menschen mit dem Unterrichtsfach und dessen Inhalten. Von der Mathematik und ihrem Lehrer nahm er sich strukturiertes Denken in Formeln, Theoremen, Systemen und Hypothesen, die Frage nach dem „Warum" und den Wunsch, den Dingen auf den Grund zu gehen. Aus der Geschichte blieben ihm die lebendigen Nachstellungen des Lehrers von Kriegen und Schlachten, Mythen und Legenden in Erinnerung. Die Geographie wurde ihm mittels der Lebhaftigkeit von Landschaften und ihres Zusammenhangs mit der Menschheit und ihrer Geschichte nähergebracht und den Lehrer für Philosophie bedenkt er mit Superlativen, weil er es verstand, die großen Fragen spannend und detektivisch anzugehen. Die Liebe zur Chemie verband er zusätzlich mit der Liebe zu einer blonden Schönheit. Aber im Grunde war er in alle Mädchen seiner Klasse und überhaupt in die meisten seiner Schule und in alle Lehrerinnen und Nachbarinnen verliebt. Als es mit 17 daran ging eine Entscheidung für die weitere Laufbahn zu treffen, stand Boal vor dem Problem, sich für al-

[19] Augusto Boal: *Hamlet and the Baker's Son*, London, New York, 2001, S. 79 ff. (dt. Hamlet und der Sohn des Bäckers, Wien, 2013)
[20] Ebd., S. 89 f.

les begeistern, aber nicht alles machen zu können.[21] Für den Vater war ein universitärer Abschluss wichtig. Augustos Geschwister hatten sich für Medizin, Architektur und Sprachen entschieden. Die niemals ausgesprochene oder konkretisierte Liebe zur blonden Renata, die sich für ein Chemiestudium entschieden hatte, brachte ihn dazu, sich als einer von 400 für einen der 40 Studienplätze zu bewerben. Augusto Boal schaffte es, Renata nicht. Anstatt vom betörenden Parfum Renatas umgeben, fand er sich inmitten der nach Schwefel stinkenden Welt der Chemie wieder. Er beschloss allerdings, nicht zuletzt um seines Vaters willen, die Sache durchzuziehen. Dabei war Boal schon zu Beginn des Studiums klar, dass er Theater machen wollte. Die Chemie sollte ihm später dabei helfen, Theorie und Praxis „seines" Theaters zu kategorisieren und zu systematisieren. Boals Weg und die Geschichte des TdUs verliefen von da an gemeinsam. Um diesen Weg weiter zu schildern, lege ich in den folgenden Kapiteln die ethischen, philosophischen, politischen und wirtschaftlichen Grundlagen dar, in welche die Entwicklung Boals und des TdUs eingebettet sind.

3.2 Grundlagen der Pädagogik und der Philosophie

Es ist wichtig sich immer wieder vor Augen zu führen, „dass das Theater der Unterdrückten nicht eine Sammlung von Techniken darstellt, sondern auf einer Philosophie und einem generellen Konzept mit bestimmten Regeln basiert, verbunden mit der Idee, dass Theater ein kraftvolles Werkzeug für [...] Veränderung sein kann."[22]

[21] „I liked everything, but one could not do everything." Augusto Boal: *Hamlet and the Baker's Son*, London, New York, 2001, S. 101.

[22] Roberto Mazzini und Michael Wrentschur: „Theatre of the Oppressed in Social Fields" in: Gerd Koch u.a. (Hrsg.): *Theaterarbeit in sozialen Feldern/Theatre Work in Social Fields*, Frankfurt am Main, 2004, S. 174.

3.2.1 Grundsatzerklärung[23]

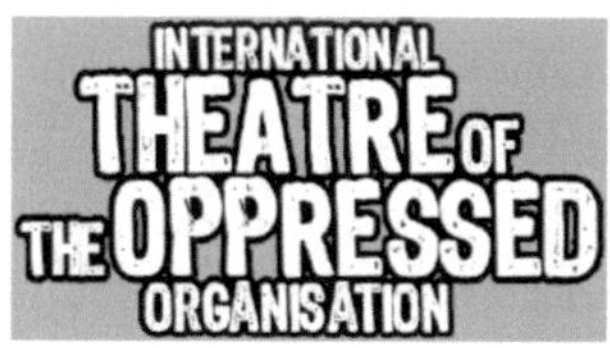

Internationale Theater-der-Unterdrückten-Organisation (ITO)

Präambel

1. Das Grundziel des Theaters der Unterdrückten ist die Humanisierung der Menschheit.
2. Das Theater der Unterdrückten ist ein System von Übungen, Spielen und Techniken, basierend auf essentiellem Theater, um Männer* und Frauen* zur Entwicklung dessen zu befähigen, was sie bereits innehaben: Theater.

Essentielles Theater

3. Jeder Mensch ist Theater!
4. Theater definiert sich als die gleichzeitige Existenz – im gleichen Raum und Kontext – von Schauspielenden und Zuschauenden. Jeder Mensch ist fähig, die Situation und sich selbst in der Situation wahrzunehmen.
5. Essentielles Theater besteht aus drei Elementen: Subjektivem Theater, Objektivem Theater und der Theatralen Sprache.[24]

---

[23] Die Grundsatzerklärung der Internationalen Organisation des Theaters der Unterdrückten **war** auf www.theatreoftheoppressed.org zu finden. Die Seite existiert nicht mehr. Übersetzt wurde die Grundsatzerklärung bereits von Helmut Wiegand. Helmut Wiegand (Hrsg.): *Theater im Dialog: heiter, aufmüpfig und demokratisch. Deutsche und europäische Anwendungen des Theaters der Unterdrückten*, Stuttgart, 2004, S. 66 ff. Auch Birgit Fritz schrieb eine Übersetzung. Meine unterscheidet sich in einigen Formulierungen.

6. Jeder Mensch kann schauspielen (handeln)[25]: Um zu überleben, müssen wir notwendigerweise Handlungen ausführen und diese Handlungen und ihre Auswirkungen auf die Umwelt beobachten. Mensch zu sein heißt, Theater zu sein: die Koexistenz von Schauspieler*in (Handelndem/Handelnder) und Zuschauer*in (Beobachtendem/Beobachtender) im gleichen Individuum. Das ist Subjektives Theater.

7. Wenn Menschen sich vorübergehend darauf beschränken, ein Objekt, eine Person oder einen Raum zu beobachten und dabei ihre Fähigkeit und ihr Bedürfnis zu handeln außer Kraft setzen, wird ihre Energie und ihr Handlungsimpuls auf diesen Raum, diese Person oder dieses Objekt übertragen, was einen Raum innerhalb eines Raumes kreiert: den Ästhetischen Raum. Das ist Objektives Theater.

8. Alle Menschen benutzen in ihrem täglichen Leben dieselbe Sprache, die Schauspieler*innen auf der Bühne benutzen: ihre Stimmen, ihre Körper, ihre Bewegungen und ihre Ausdrucksweisen. Sie übersetzen ihre Emotionen und Wünsche in die Theatrale Sprache.

Theater der Unterdrückten

9. Das Theater der Unterdrückten bietet allen Menschen ästhetische Mittel, um ihre Vergangenheit, im Kontext ihrer Gegenwart, zu analysieren, und um unmittelbar anschließend ihre Zukunft zu gestalten, ohne bloß darauf zu warten. Das Theater der Unterdrückten hilft Menschen dabei, eine Sprache wiederzuentdecken, die sie bereits be-

---

[24] „Subjektiv" und „objektiv" sind hier als „auf sich bezogen" und „auf andere(s) bezogen" zu verstehen. Keineswegs ist damit ein „objektives Theater" im Sinne einer „objektiven Wahrheit" gemeint.

[25] Im Englischen bezeichnet das Verb „to act" sowohl „handeln" als auch „schauspielen".

saßen – durch das Theaterspielen lernen wir, uns in der Gesellschaft zu bewegen. Wir lernen, zu fühlen, indem wir fühlen, zu denken, indem wir denken, zu handeln, indem wir handeln. Theater der Unterdrückten ist ein Proben für die Realität.[26]

10. Die Unterdrückten sind Einzelpersonen oder Gruppen, denen entweder sozial, kulturell, politisch, wirtschaftlich, wegen ihrer Hautfarbe, ihrer sexuellen Orientierung oder sonst in irgendeiner Weise, ihr Recht auf Dialog vorenthalten wird, oder die in irgendeiner Weise in der Umsetzung dieses Rechts beeinträchtigt werden.

11. Dialog wird definiert als der freie Austausch mit anderen, sowohl zwischen Personen als auch zwischen Gruppen, als gleichberechtigtes Teilhaben an der menschlichen Gesellschaft und als das aktive und passive Respektieren von Unterschieden.

12. Das Theater der Unterdrückten basiert auf dem Grundsatz, dass jede menschliche Beziehung dialogischer Natur sein sollte: zwischen Männern und Frauen, zwischen ethnopolitischen Gruppen[27], Familien, Gruppierungen und Nationen sollte der Dialog die Überhand haben. In der Realität tendieren alle Dialoge dazu, sich in Monologe zu verwandeln, was zur Beziehung Unterdrücker – Unterdrückter führt. Diese Realität anerkennend, ist das Hauptprinzip des Theaters der Unterdrückten die Wiederherstellung des Dialogs unter den Menschen.

---

[26] Augusto Boal spricht an anderer Stelle von „Bild der Realität“ und „Realität des Bildes“ und deren Autonomie (vgl. Kap. „Metaxis“). Nur wenn das Bild der Realität (Theater zeigt Wirklichkeit) und die Realität des Bildes (Theater als Wirklichkeit) ebenbürtig sind, kann die eine Realität (Alltagsrealität) von der anderen (Theaterrealität) lernen. Insofern sehe ich im Theater der Unterdrückten mehr als nur eine Probe.

[27] Im Englischen steht an dieser Stelle „races“. Das deutsche Wort „Rassen“ ist allerdings sowohl ideologisch als auch wissenschaftlich nicht adäquat, um die Unterschiede verschiedener Menschen zu bezeichnen.

13. Das Theater der Unterdrückten ist eine weltweite, gewaltlose, ästhetische Bewegung, die sich für Frieden[28] ohne Passivität einsetzt.

14. Das Theater der Unterdrückten versucht in seinem humanistischen Bestreben, Menschen zu aktivieren, was schon durch seinen Namen ausgedrückt wird: Theater der, von und für die Unterdrückten.[29] Es ist ein System, das den Menschen Handlungen innerhalb der Vorstellungen des Theaters ermöglicht, damit sie zu Protagonisten, d. h. handelnden Subjekten in ihrem eigenen Leben werden.

15. Das Theater der Unterdrückten ist weder eine Ideologie noch eine politische Partei, weder dogmatisch noch will es etwas erzwingen. Es achtet alle Kulturen. Es ist eine Methode der Analyse und ein Mittel zur Entwicklung glücklicherer Gesellschaften. Aufgrund seines humanistischen und demokratischen Charakters wird es in aller Welt intensiv eingesetzt, in allen Bereichen sozialer Betätigung, wie: Bildung, Kultur, Kunst, Politik, Sozialarbeit, Psychotherapie, in Alphabetisierungsprogrammen und in der Gesundheitsförderung.[30]

16. Das Theater der Unterdrückten wird derzeit in etwa der Hälfte aller Länder der Welt angewandt, als Instrument zur Erforschung des Eigenen und des Anderen, zur

---

[28] Frieden darf hier als Pluralwort verstanden werden. Im Sinne eines dynamischen Friedensbegriffs sind Frieden auch kein Zustand, sondern eine Bewegung. Vgl. Wolfgang Dietrich: Variationen über die vielen Frieden Band 1: Deutungen, Wiesbaden, 2008

[29] Nur wenn es Theater *der* Unterdrückten ist, ist es auch *für* sie und nur sie selbst können *über* sich Theater machen.

[30] Auf der Seite www.theatreoftheoppressed.org existierte in der Anlage zu dieser Grundsatzerklärung eine Auflistung von Beispielprojekten, die der Erläuterung der Natur und des Ausmaßes der Anwendungen des TdUs dienten. Die Seite existiert nicht mehr.

Klärung und als Ausdrucksmittel unserer Wünsche; als Instrument zur Veränderung von Umständen, die unglücklich machen und Schmerz verursachen und zur Stärkung von friedensfördernden Bedingungen; für das Respektieren von Unterschieden zwischen Individuen und Gruppen und für das Einbeziehen aller Menschen in den Dialog; und schließlich als Instrument zur Erreichung wirtschaftlicher und sozialer Gerechtigkeit, die die Grundlage wahrhafter Demokratie ist.

Die Internationale Theater-der-Unterdrückten-Organisation (ITO)[31]

17. Die ITO ist eine Organisation, die die Entwicklung des Theaters der Unterdrückten gemäß der Grundsätze und Ziele dieser Erklärung in der ganzen Welt koordiniert und fördert.

18. Die ITO erreicht dies, indem sie die Praktiker*innen des Theaters der Unterdrückten durch ein weltweites Netz verbindet, und damit den Austausch und die methodische Entwicklung unterstützt; indem sie die Aus- und Fortbildung in den bestehenden Techniken fördert; indem sie Projekte auf Weltebene konzipiert; indem sie die Gründung lokaler Zentren für Theater der Unterdrückten (CTOs) stimuliert; indem sie gute Bedingungen für die Arbeit der CTOs und der Praktizierenden fördert und herstellt und indem sie einen internationalen Treffpunkt im Internet kreiert.

19. Die ITO ist vom gleichen humanistischen und demokratischen Charakter wie ihre Grundsätze. Sie wird jeden Beitrag derer, die mit dieser Grundsatzerklärung arbeiten, integrieren.

[31] Auch eine ITO gibt es nicht mehr.

20. Die ITO geht davon aus, dass sich alle, die die verschiedenen Techniken des Theaters der Unterdrückten anwenden, dieser Grundsatzerklärung anschließen.

Diese Grundsatzerklärung legt ihrem Anspruch gemäß, die Grundlagen dar. Dazu gehört neben der humanistischen Weltanschauung die Betonung des dialogischen Prinzips, das im Wesentlichen auf die Freire'sche Pädagogik zurückgeht.

3.2.2 Freire'sche Pädagogik

„For me to exist Paulo Freire must exist."[32]

Die von Boal für seine Methoden gewählte Bezeichnung „Theater der Unterdrückten" lehnt sich nicht nur vom Namen, sondern auch in Bezug auf Inhalt und Intention an Paulo Freires „Pädagogik der Unterdrückten"[33] an. Diese beruht auf einem dialogischen Bildungskonzept, das es sich zur Aufgabe macht, das Verhältnis zwischen Lehrer und Schüler maßgeblich zu verändern. Alle sollen gleichzeitig Lehrende und Lernende sein. Eine von Boal erzählte, entlarvende Anekdote – sie spielt in einem psychiatrischen Krankenhaus in England – zeigt, welches (Miss-)Verständnis über das Wesen eines Dialogs in unserer Gesellschaft vorherrschend ist: Nachdem der Spielleiter erklärt hatte, was ein Monolog ist und dies mit Hilfe eines erhobenen Fingers verdeutlicht hatte, wollte er von den Patienten wissen, was ein Dialog ist.

„‚So what is a dialog […]? A dialog is when […]?' And this time he held up two fingers. ‚I know, I know!' answered one

[32] „Meine Existenz braucht die Existenz Paulo Freires." Augusto Boal: *Legislative Theatre*, London, New York, 1998, S. 129.

[33] Paulo Freire: *Pädagogik der Unterdrückten*, Stuttgart, Berlin, 1972.

> of the patients eagerly. ‚So, tell us. What is a dialogue?' ‚It's when there are two people talking on their own […]'"[34]

Auch wenn diese Beschreibung auf viele als „Dialog" bezeichnete Gespräche zutreffen mag, bezeichnet Boal das TdU als Suche nach aufrichtigen Dialogformen. Bei diesem Dialog kommt es darauf an, dass nicht nur die Form des Austausches gleichwertig ist, sondern auch der Inhalt. Das TdU dient nicht der Vermittlung vorgefertigter Konzepte, die als richtig befunden wurden und nun in einem pseudodialogischen Prozess, hübsch verpackt, an den Mann* und die Frau* gebracht werden. Ein Beispiel von Julián Boal (Augustos Sohn) veranschaulicht dies: TdU in der AIDS-Prävention kann nicht bedeuten, die Verwendung von Kondomen zu propagieren. Dasselbe gilt meiner Erfahrung nach für die Suchtprävention, wenn Methoden des TdUs verwendet werden, um „Nein" sagen zu lernen (lehren). Das heißt nicht, dass ein Theater, das Antworten liefert, nicht gemacht werden darf! Wer der Überzeugung ist, die richtige Antwort auf eine Frage gefunden zu haben, darf Propaganda dafür machen. Das TdU aber stellt Fragen, ohne die Antworten mitzuliefern. Dadurch entsteht Dialog.

> „I experienced the pleasure of asking. Before, I thought that the Artist was master of the truth. I discovered that I was merely an artist, that's all! […] My theatre would be, from then on, the theatre of questions. […] The people who would have to give the answers would be the **spect-actors**!"[35]

---

[34] „‚Also, was ist ein Dialog […]? Ein Dialog ist, wenn […]?' Und dieses Mal hielt er zwei Finger in die Höhe. ‚Ich weiß, ich weiß!', antwortete einer der Patienten eifrig. ‚Also, sag es uns. Was ist ein Dialog?' ‚Das ist, wenn zwei Leute reden, jeder für sich […]'" Augusto Boal: *Legislative Theatre*, London, New York, 1998, S. 4.

[35] „Ich erlebte die Freuden des Fragens. Zuvor dachte ich, der Künstler wäre der Herr der Wahrheit. Ich entdeckte, dass ich nur ein Künstler war, das ist alles! […] Mein Theater würde ab diesem Moment ein Theater der Fragen sein. […] Die Menschen, die die Antworten zu geben ha-

Zweifellos zählt es zu den großen Verdiensten Paulo Freires, dass er einen Weg gefunden hat, dem fremdbestimmten „Wissen“, dem westlich-europäischen Paradigma von Bildung, in anderer Art und Weise zu begegnen als mit der „Kultur des Schweigens“, wie er es bei den Menschen in Südamerika beobachtet hat. Auf Unterdrückung reagierten sie apathisch und entsprachen in der Folge dem Bild, das sich die Unterdrücker schon vorher von ihnen gemacht hatten: unterentwickelt, arm, unwissend.[36]

Dieser domestizierenden Pädagogik, wie Freire sie nannte, stellte er eine befreiende Pädagogik entgegen, die die Wirklichkeit verändern soll. Die Wirklichkeit der Menschen wurde durch Eroberung und Kolonialisierung massiv verändert. Sie haben aber die Möglichkeit, aus ihrer Situation heraus Wege zu entdecken, diese Wirklichkeit wiederum zu verändern.

Ein solcher Lern- und Veränderungsprozess beginnt bei der Wertschätzung aller Beteiligten, weil alle in ihren Lebensbereichen Expert*innen sind. Er hängt in seinem Ergebnis wesentlich von dem ab, was die Leute in ihn einbringen und zeigt nur Wirkung, wenn ein Sinn im Erlernten erkannt wird.

> „Paulo Freire invented a method, his method, our method, the method which teaches the illiterate that they are perfectly literate in the languages of life, of work, of suffering, of struggle, […].“[37]

---

ben, würden die *ZuSchauspieler* sein!“ Augusto Boal: *Hamlet and the Baker's Son*, London, New York, 2001, S. 310. (Diese Erkenntnis datiert laut Boal aus dem Jahr 1973).

[36] Ernst Lange: „Einführung“ in: Paulo Freire: *Pädagogik der Unterdrückten*, Stuttgart, Berlin, 1972, S. 7 ff.

[37] „Paulo Freire erfand eine Methode, seine Methode, unsere Methode, die Methode, die den Ungebildeten zeigt, dass sie perfekt ausgebildet sind in den Sprachen des Lebens, der Arbeit, des Leidens, des Kampfes, […].“ Augusto Boal: *Legislative Theatre*, London, New York, 1998, S. 128.

Boal stellte sich und seine Ideen in den Dienst des staatlichen Alphabetisierungsprojekts ALFIN (Operación de Alfabetización Integral) in Peru, das auf der Pädagogik Freires fußte, bei dem er das Theater unter anderem als Instrument zur Wissensvermittlung einsetzte. Ziel dieses Projektes war es, in der Muttersprache, in Spanisch und in anderen „Sprachen" wie Fotografie, Theater, Film oder Zeitung zu alphabetisieren.[38] Um mit theaterunerfahrenen Menschen „Theater sprechen" zu können, entstanden im Laufe des Projekts eine Vielzahl an Übungen, Spielen, Techniken und Methoden. Somit stellten sich nicht nur die Methoden in den Dienst der Sache, sondern die Sache diente auch der Weiterentwicklung der Methoden. In weiterer Folge bedeutet dies, dass die Lehrenden nur lehren, wenn sie Lernende sind und die Lernenden nur lernen, wenn sie lehren. Boal sagte, dass etwas am besten gelernt wird, indem es gelehrt wird. „One learns by teaching. Pedagogy is transitive. Or it isn't pedagogy."[39]

Sowohl für die Bildungsarbeit, die Pädagogik, als auch für das Theater gilt es in einem ersten Schritt Bewusstseinsarbeit zu leisten. Die Menschen sollen sich ihrer selbst und der wirtschaftlichen, politischen und sozialen Situation, in der sie sich befinden, bewusst werden. Das schließt ein Bewusstsein über deren Veränderbarkeit und die Möglichkeit zur Verbesserung mit ein. Die Bewusstmachung führt im Weiteren zu einer Aktivierung im Sinne der „Theorie der verändernden Aktion" bei Paulo Freire oder eben bei Boal zu einem Theater, das die Realität nicht nur interpretiert, sondern verändert. Das Menschenbild sowohl Freires als auch Boals ist dabei ein positives und optimistisches, denn nur dann ergibt der Wunsch nach

[38] Augusto Boal: *Theater der Unterdrückten, Übungen für Schauspieler und Nicht-Schauspieler*, Frankfurt am Main, 1989, S. 42.

[39] „Man lernt beim Lehren. Pädagogik ist wechselseitig. Sonst ist es keine Pädagogik." Augusto Boal: *Games for Actors and Non-Actors*, London, New York, 2002, S. 266.

einer Befreiung und Verbesserung der Welt für die Unterdrückten einen Sinn.

Immer noch wird das TdU von Pädagog*innen „wieder" entdeckt und als Verpackung und Transportmittel missbraucht, um Wissen zu vermitteln. Es genügt nicht, die Positionen des Lehrers und des Schülers gerecht aufzuteilen, viel mehr gilt es, sie als Kategorien eines Machtverhältnisses gänzlich hinter sich zu lassen. Es besteht eine Tendenz, und darin liegt auch eine gewisse Gefahr, das Theater *der* Unterdrückten auf ein Theater *für* Unterdrückte zu reduzieren, das es in Form von Propaganda-, Revolutions- und Aktionstheater gab und gibt und vom dem sich Boal, nachdem er dessen Wirkungslosigkeit erlebt hatte, distanzierte.[40] Genauso zu kurz gegriffen wäre ein Theater *über* Unterdrückte. In beiden Fällen wird von vornherein und von außen vorgegeben, wer unterdrückt wird und wie die Unterdrückung aussieht, wodurch sie letztendlich noch reproduziert wird. Nur Theater *der* Unterdrückten kann auch Theater *für* und *über* Unterdrückte sein! Dies gilt letztendlich auch für Menschen, die sich nicht als Unterdrückte sehen. Es ist eine Grundsatzfrage, der wir uns stellen müssen: Handeln wir? Werden wir zu Handelnden, wird für uns gehandelt oder werden wir gehandelt?

Bei all dem, was TdU ist oder sein kann, ist es kein Theater des guten Rats, kein Theater der guten Absicht, kein Theater der Opfer. Das TdU schafft es nicht, Tote zum Leben zu erwecken und es kann „niemanden ändern, der sich glücklich fühlt. Das Theater der Unterdrückten zwingt niemanden dazu, etwas einzusehen oder zu tun. Du kannst es nur mit Leuten machen, die ihre Unterdrückung bekämpfen wollen."[41]

---

[40] Augusto Boal: *Regenbogen der Wünsche: Methoden aus Theater und Therapie*, Seelze (Velber), 1999, S. 15 f.

[41] Bernd Ruping: „Von Polizisten im Kopf und den Hauptquartieren draußen. Das Theater der Unterdrückten zwischen soziologischer Forschung und politischer Aktion. Interview mit Augusto Boal vom 6.9.1989" in ders. (Hrsg.): *Gebraucht das Theater.* Lingen, Remscheid,

Die europäische Pädagogik ist viel mehr auf das Individuum ausgerichtet als es die Pädagogik Freires und somit die Boals ist. Im Vordergrund stehen bei Freire und Boal „die Unterdrückten", das Kollektiv, das „Wir". Die europäische Pädagogik hat im TdU nach den persönlichkeitsbildenden Aspekten gesucht und diese auch gefunden. Das TdU wurde abgeklopft auf seine Potenziale in Bezug auf Selbstwertstärkung, Identitätsbildung, Fähigkeit zu Rollendistanz oder Frustrationstoleranz und Ähnlichem, sowie auf die Möglichkeiten der Interaktion autonomer Individuen zur Konfliktbewältigung oder Empathiefähigkeit.[42] Die Ziele einer antiautoritären, emanzipatorischen Erziehung betreffen in erster Linie die Personen. Es geht um die sozialen Kompetenzen des Einzelnen, nicht um das Soziale an sich. Das Einzelwesen steht vor dem Gemeinwesen. Bildlich gesprochen verdeckt ersteres die Sicht auf zweiteres. Das TdU hält den Ansprüchen einer Pädagogik und eines Theaters für das Individuum zwar stand, aber es ist das „Theater für die erste Person Plural".[43]

3.2.3 Ethik

> „Die ethische Bedeutung jeder Handlung ist gleich wichtig wie die Handlung selbst."[44]

Der Begriff Handlung ist dabei durchaus als Aktion *und* als Inhalt eines Theaterstücks zu verstehen. Das TdU ist ein ethisches Theater.[45] Es setzt sich, ohne Lektionen in Ethik zu erteilen, mit den ethischen oder unethischen Entscheidungen der

---

1991, S. 329.

[42] Vgl. dazu Simone Neuroth: *Augusto Boals „Theater der Unterdrückten" in der pädagogischen Praxis*, Weinheim, 1994, S. 30 f.

[43] Augusto Boal: *Regenbogen der Wünsche*, Seelze (Velber), 1999, S. 51.

[44] „The ethical significance of every action is as important as the action itself." Augusto Boal: *The Aestetics of the Oppressed*, London, New York, 2006, S. 50.

[45] Ebd., S. 50.

Menschheitsgeschichte auseinander, die Auswirkungen auf unser Leben haben. Boal nennt als Beispiele die Eroberung Amerikas, das Bretton-Woods-Abkommen[46], die Invasion des Iraks. Ethisch ist es unabdingbar, zu wissen, auf wessen Seite man steht. Für wen, was und wie setzen wir uns ein?

In der Praxis bedeutet ethisches Handeln Solidarität. Dabei hält sich Boal an die Definition Che Guevaras: „To be in solidarity is to run the same risks!“[47] Seine Handlungen machen den Menschen aus. Solidarisches Handeln braucht es bei Übungen aus dem Repertoire des TdUs, bei der Zusammenarbeit im und am Theater und im Alltag. Die Solidarität im Bild vom Baum des TdUs regt zur solidarischen Verbreitung des TdUs an, indem man das Gelernte lehrt und dadurch wieder darüber lernt. Alle, die mit dem und über das TdU gelernt haben, werden ermutigt, zu Multiplikatoren des Gelernten zu werden. Zum Unterschied zwischen Moral und Ethik führte Boal an, dass die zeitgeistige Moral nichts Verwerfliches an der Sklaverei fand, während die Ethik immer ihre Abschaffung geboten hat. In seiner Analyse der herrschenden, kapitalistischen, kriegstreiberischen Moral des Stärkeren entdeckte Boal ebenso das Fehlen des Ethischen. Seine Albträume beschrieb Boal als erholsam, weil die Wirklichkeit schrecklicher wäre. Allerdings hielt er sich an seine Visionen und Hoffnungen und glaubte an die Zukunft einer ethischen Gesellschaft. Ethik ist das Ziel, die angestrebten Werte sind das, von dem wir wollen, dass es wird.[48]

---

[46] In Bretton Woods (New Hampshire, USA) wurde 1944 der US-Dollar zur weltweiten Leitwährung bestimmt. Das blieb er bis 1973. Direkt aus dem Abkommen hervorgegangen sind die Weltbank und der Internationale Währungsfonds. Im Zuge der Wirtschaftskrise (2009) diskutierten die G20 über ein neues Bretton-Woods-Abkommen.

[47] „Solidarisch zu sein bedeutet, das gleiche Risiko einzugehen.“ Augusto Boal: *Hamlet and the Baker's Son*, London, New York, 2001, S. 194.

[48] Vgl. Augusto Boal: *The Aestetics of the Oppressed*, London, New York, 2006, S. 110-114.

Über das pädagogische und ethische Menschenbild hinaus, an dem sich das TdU orientiert, liegt dem TdU auch ein Weltbild zu Grunde. Im *Regenbogen der Wünsche* und den *Aesthetics of the Oppressed* widmete sich Boal ausführlich seinen Theorien dazu. Er formulierte Hypothesen, die das System des TdUs untermauern und von denen ich hier einige erläutere.

3.2.4 Osmose[49]

Die Osmose bezeichnet in der Biochemie einen Vorgang, bei dem Moleküle an einer gleichmäßigen Verteilung innerhalb einer Lösung durch eine halbdurchlässige Scheidewand behindert werden. Wenn ich etwa Salz in Wasser löse, verteilen sich die Salzmoleküle gleichmäßig im Wasser. Mit Hilfe einer Membran, die zwar Wasser durchlässt, aber die größeren Salzmoleküle blockiert, kann ich ein osmotisches System erzeugen. Die Salzmoleküle wollen durch die Membran, um sich gleichmäßig zu verteilen, können aber nicht. Dadurch entsteht der osmotische Druck. Boal legt den Begriff auf soziale Verhältnisse um und schildert zur Veranschaulichung, wie sich große soziale Themen, Moral, Werte aus der Gesellschaft in persönlichen Ereignissen und kleineren Strukturen wie einer Paarbeziehung, der Familie, einer Nachbarschaft, am Arbeitsplatz niederschlagen. Das gesellschaftliche Verständnis der Geschlechterrollen findet sich so auf allen Ebenen wieder. Umgekehrt haben es Einzelfälle viel schwerer eine Wirkung auf die Gesellschaft zu entfalten. Für das klassische Theater bedeutet dies, dass es zwischen der Bühne und dem Zuschauerraum eine halbdurchlässige Membran, die „Vierte Wand", gibt, die es dem Bühnengeschehen erlaubt, auf das Publikum zu wirken, gleichzeitig aber verhindert, dass das Publikum Einfluss auf das Geschehen auf der Bühne nimmt.

[49] Augusto Boal: *Regenbogen der Wünsche*, Seelze (Velber), 1999, S. 47 ff.

Das TdU strebt im Theater wie auch für die Gesellschaft ein Fließgleichgewicht an, in dem ein Dialog in alle Richtungen möglich ist. Boal zog in der Konsequenz die „nicht immer friedfertige“[50] Umkehrung der Verhältnisse in Betracht, bei der sich die Subjekt-Objekt-Beziehung umdreht. Im Grunde würde ein Fließgleichgewicht die Kategorien von Subjekt und Objekt allerdings generell aufheben.

Der Ansatz, das Ungleichgewicht in der Gesellschaft als Osmose zu beschreiben, wo der Informationsfluss nur in eine Richtung geht, wo ein Macht- und Herrschaftsgefälle herrscht, liefert ein anschauliches Bild. Die Herausforderung besteht darin, die Barrieren zu überwinden und Trennungen aufzuheben. Nicht um diese an anderer Stelle wieder aufzubauen, sondern um von einem osmotischen System zu einem dynamischen System zu gelangen. Durch das TdU öffnen sich Trennwände sowohl im Theater als auch in der Gesellschaft. Es schafft Räume und Möglichkeiten des Austauschs. Im Fall der Osmose verhindern die Trennwände je nach Struktur den Transport von Molekülen mit bestimmten Eigenschaften, wie z. B. Größe, elektrische Ladung, Wasser- oder Fettlöslichkeit. Andere kommen ungehindert durch. Analog dazu gilt dies in der Gesellschaft für Ideen, ethische Werte oder den Umgang mit Herausforderungen. Wenn diese an der Verbreitung gehindert werden entsteht ein „osmotischer“ Druck, der, wie in der Biochemie, bei ausreichender Stärke dazu führen kann, dass das System zusammenbricht. Das TdU kann den Gegendruck verstärken und Ideen zum Durchbruch verhelfen.

---

[50] Augusto Boal: *Regenbogen der Wünsche,* Seelze (Velber), 1999, S. 49.

3.2.5 Metaxis

Kunst ermöglicht eine Interpretation der Wirklichkeit, nicht deren Reproduktion. Durch den künstlerischen Prozess und das daraus erwachsende Produkt entsteht eine andere Wirklichkeit. Die Wirklichkeit der Musik, des Bildes, des Tanzes, des geschriebenen Textes, des Films. Es werden eigene Welten erschaffen, die von Künstler*innen gestaltet werden. Auch das Theater entwirft Wirklichkeiten. Den Zuschauer*innen wird üblicherweise durch die „Vierte Wand" der Zutritt dazu verwehrt. Bei Boals Überlegungen werden die Unterdrückten zu Künstler*innen und verschaffen sich auf diese Weise Zugang zu anderen Wirklichkeiten. Für Boal stehen die „reale Welt" und die „Kunstwelt" autonom nebeneinander. Die Kunstwelt speist sich aus der realen Welt und wird dann von ihr durch den ästhetischen Umwandlungsprozess unabhängig. Als Künstler*in bewegt man sich gleichzeitig in der Realität und in der Fiktion. Dieses Phänomen bezeichnet Boal als „Metaxis". In weiterer Folge konstatiert er, dass der Künstler

> „dann […] aus allem, was er in der Fiktion vollbracht hat, für sein eigenes Leben Schlüsse ziehen [kann]. Szene und Bühne können so Übungsraum für das reale Leben sein."[51]

An anderer Stelle spricht Boal davon, „dass Fiktion nicht existiert, dass alles wahr ist."[52] Demnach sind auch Lügen wahr, wie Boal, allerdings nur für das Theater, erkannte. Das Wahre ist in diesem Sinne eine Wahrhaftigkeit, also etwas, dem die Wahrheit anhaftet und das zu einer richtigen Erkenntnis führt. Für Boal blieb schlussendlich durch den oft zitierten Vergleich vom TdU als „Probe auf die Wirklichkeit" ein Wertigkeitsunterschied der beiden Welten. Für ihn gab es zwar das

---

[51] Augusto Boal: *Regenbogen der Wünsche*, Seelze (Velber), 1999, S. 50.

[52] Ebd., S. 35.

„Bild der Realität" und die „Realität des Bildes"[53], aber letztendlich eben nicht gleichwertig, weil die Kunstwelt nur Probe für das reale Leben blieb. Konsequent wäre es, wenn beide Realitäten einen gleichberechtigten Dialog miteinander führten – analog zum Dialog zwischen Zuschauer*in und Schauspieler*in oder Lehrenden und Lernenden oder unterschiedlichen Gruppen. In einem ersten Schritt zu mehr Gleichberechtigung unter den Wirklichkeiten könnte man also davon sprechen, dass es sich um eine „Probe auf eine Wirklichkeit in einer anderen Wirklichkeit" handelt. Der Begriff Probe ist in weiterer Folge gänzlich entbehrlich. Der Gedanke „es ist ja nur eine Probe" verhindert mögliche Erfahrungen, unterdrückt Wahrnehmungen und führt zu einer Geringschätzung des Erlebten innerhalb der Probensituation. Auf die Frage, wie Menschen im Theaterspiel eine Situation wahrgenommen hätten, bekam ich stets Antworten, die echte Gefühle und Gedanken beinhalteten. Die Angst, die Euphorie, der Stolz, die Über- oder Unterlegenheit, die Zweifel, der Triumph waren immer real.

> „Die Gespräche nach den Übungen haben immer wieder den Zusammenhang zwischen ‚Bühne' und dem was hinter der Bühne – im realen Leben – geschieht aufgezeigt, d. h. Eindrücke und Empfindungen, die wir während der Ausführung der Übung verspürten, waren nicht fiktiv, sondern sind aus dem alltäglichen Leben."[54]

Über die Wahrnehmungen können die Schauspieler*innen dann auch die daraus gewonnenen Erkenntnisse als wahrhaftig

[53] Ebd., S. 49. In der Folge verwende ich den Begriff „Vorstellung" anstatt des Begriffs „Bild" (vgl. Kapitel 3.5.4).

[54] Denise Pfeiffer: schriftliche Reflexion nach der Lehrveranstaltung „Lernen durchs Theaterspielen", Leitung: Armin Staffler, Universität Innsbruck, 2009. Interessant finde ich in diesem Zusammenhang auch die Idee, das reale Leben sei hinter der Bühne!

anerkennen. Ist es überhaupt denkbar, die Wirklichkeit zu verlassen? Ich *bin* im Alltag, im Theater, im Spiel, in der Reflexion und dann wieder im Alltag. Der Kreis der Realitäten wurde von Augusto Boal inspiriert, entwickelte sich mit den Anregungen von David Diamond weiter und stellt sich für mich nun folgendermaßen dar:

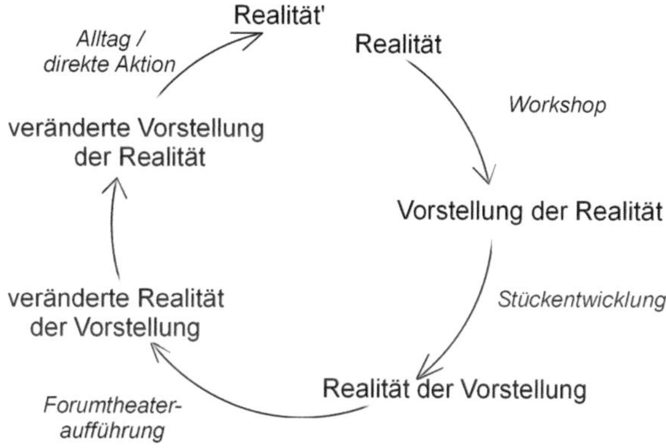

Aus der Realität werden in einem bestimmten Setting von Einzelnen und der Gruppe verschiedene Vorstellungen unterschiedlicher Realitäten entworfen. Der Prozess führt zu einer Vorstellung der Realität, auf die sich die Gruppe geeinigt hat. Aus dieser dynamischen und pluralen Vorstellung wird ein Stück entwickelt. Aus einer Keimzelle entwickelt sich etwas, in dessen Verlauf sich auch die Realität der Vorstellung entwickelt. Diese Realität der Vorstellung wird im TdU immer wieder verändert. Mit dieser veränderten Realität der Vorstellung erzeuge ich eine veränderte Vorstellung der Realität, die ich in den Alltag mitnehme. Im Alltag erlebe ich die veränderte Realität.

„Schluß mit einem Theater, das die Wirklichkeit nur interpretiert; es ist an der Zeit, sie zu verändern!“[55]

Wirklichkeit ist etwas, wo ich eine Wirkung erfahre oder erziele. Theater ist eine Wirklichkeit.

3.2.6 Katharsis[56]

In der Literaturwissenschaft bedeutet Katharsis „Reinigung“ und meint damit die innere Läuterung als Wirkung des Trauerspiels. In der Psychologie und Medizin versteht man darunter das sich Befreien von krankmachenden Störungen.
Die Idee der Katharsis, wie sie Aristoteles verstand, geht von der Annahme aus, dass ohne Läuterung das Aufbegehren der Menschen gegen Gesetze – seien es göttliche oder menschliche – so groß würde, dass ein Zusammenleben der Menschen unmöglich wäre. Anhand von Beispielen, welche die negativen Folgen des Widersetzens gegen eine Ordnung zeigen, sollen die Zuschauer*innen durch Mitleiden am Schicksal des tragischen Helden von den eigenen Wünschen, Widerstand zu leisten, gereinigt werden.
Boal lehnte diese kathartische Wirkung des Theaters nach Aristoteles jedoch ab. Das Lernen aufgrund der Beobachtung der tragischen Figur führt seiner Ansicht nach zur Entmachtung und Beruhigung des Zuschauers. Boal forderte hingegen auf, Widerstand zu leisten, der mit dem Wunsch nach Veränderung beginnt, denn „[to] resist, it is not enough to say *No* – it is necessary to desire!“[57] Die Katharsis im TdU erfolgt durch Handlungen und eine Dynamisierung, die zur Befreiung von

---

[55] Augusto Boal: *Theater der Unterdrückten. Übungen für Schauspieler und Nicht-Schauspieler*, Frankfurt am Main, 1989, S. 68.

[56] Augusto Boal: *Regenbogen der Wünsche*, Seelze (Velber), 1999, S. 69 ff.

[57] „Um Widerstand zu leisten, reicht es nicht aus ‚Nein‘ zu sagen – es ist notwendig Wünsche zu haben.“ Augusto Boal: *The Aesthetics of the Oppressed*, London, New York, 2006, Umschlag.

inneren und äußeren Blockaden führt. Die Katharsis des TdUs beruht nicht auf der Vermeidung von Konflikten, vielmehr wird sie durch deren kreative Bearbeitung erreicht, die mit dem Anstreben von Wünschen verbunden ist.
Der Lerneffekt, der sich durch reines Zuschauen einstellt, gilt als äußerst gering. Einprägsamer und wirkungsvoller ist ein Lernen durch Handlung und Erfahrung. Allgemein stelle ich auch das Lernen aus Fehlern – besonders, wenn sie von anderen begangen werden – in Frage. Wir lernen nicht nur, wenn wir etwas falsch gemacht haben, sondern vor allem, wenn wir etwas richtig gemacht haben.[58] Auch hier liegt die Betonung auf „machen".

> „Wenn ein Schauspieler handelt, so tut er dies anstelle des Zuschauers, er hält den Zuschauer davon ab, es zu tun. Wenn ein Zuschauer agiert, so tut er dies stellvertretend für alle Zuschauer. Was ein Zuschauer kann, können alle. Der ‚begnadete Schauspieler' dagegen präsentiert Leistungen, die ich nur bewundern darf, zu denen ich selbst nicht fähig bin."[59]

Dabei geht es nicht nur um „begnadete Schauspieler*innen", sondern auch um alle anderen „Begnadeten", die andere Menschen belehren oder befreien wollen. TdU kann nur „in eigener Sache durchgeführt werden, niemals im Namen anderer."[60] Die Unterdrückten müssen sich selbst befreien, andere Personen können „nur" solidarisch mit ihnen sein. Das TdU ist gleichzeitig Analyse, Interpretation und Veränderung der

---

[58] Norbert Knitsch: *Theater der Stille. Theaterpädagogik in der Kinder- und Jugendpsychiatrie*, Leer, 2002, S. 18.

[59] Augusto Boal: *Theater der Unterdrückten. Übungen für Schauspieler und Nicht-Schauspieler*, Frankfurt am Main, 1989, S. 99.

[60] Simone Neuroth: *Augusto Boals „Theater der Unterdrückten" in der pädagogischen Praxis*, Weinheim, 1994, S. 122. (Neuroth formuliert diese Aussage im Konjunktiv und bezieht sie auf das Unsichtbare Theater, meiner Ansicht nach gilt sie allerdings für das gesamte TdU.)

Wirklichkeit aus Sicht der und durch die Betroffenen, die jeweils als Expert*innen ihres Lebens gelten.

3.3 Theatrale Grundlagen

Theater ist für Augusto Boal das wesentliche Merkmal menschlicher Existenz. Es bedeutet die Essenz menschlichen Lebens und es ist das, was den Menschen zum Menschen macht. Der Mensch ist Theater!

> „Darin liegt die Essenz des Theaters: im Menschen, der Mensch, der sich selbst beobachtet. Der Mensch ‚macht' nicht nur Theater, er ‚ist' auch gleichzeitig Theater. Und neben der Tatsache, dass alle Menschen Theater ‚sind', machen einige von ihnen zusätzlich noch Theater auf einer Bühne. […] Theater – oder Theatralik – ist die menschliche Fähigkeit, sich selbst im Handeln zu betrachten."[61]

> „I believe that the truth of all theatre is the interrelation between actors, between two human beings. It is the passion which burns between them. This is the essence of theatre – […] Lope de Vega said, ‚Theatre is a platform, two actors, and a passion!' I subscribe to that."[62]

Auf diesen zwei grundlegenden Aussagen über das Theater baut Boal seine Theorie des TdUs auf. Er ist überzeugt davon, dass die Ausübung der Kunst nicht einer privilegierten Schicht, den Künstler*innen, vorbehalten ist, sondern dass alle

---

[61] Augusto Boal: *Regenbogen der Wünsche*, Seelze (Velber), 1999, S. 24.

[62] „Ich glaube, dass die Wahrheit allen Theaters in der Beziehung zwischen den Schauspielern liegt, zwischen den Menschen. Es ist die Leidenschaft, die zwischen ihnen brennt. Das ist die Essenz des Theaters – […] Lope de Vega sagte: ‚Theater ist eine Plattform, zwei Schauspieler und eine Leidenschaft!' Ich unterschreibe das." Augusto Boal: *Hamlet and the Baker's Son*, London, New York, 2001, S. 143.

Menschen fähig sind, sich künstlerisch auszudrücken. Die Kunst ist ein essenzieller Bestandteil menschlicher Kultur, die allen Menschen zugänglich sein muss. Und Kultur ist etwas, das durch die Summe aller menschlichen Aktivitäten entsteht.

> „Wir müssen uns klar werden, dass Menschen, wenn sie atmen, wenn sie arbeiten, wenn sie lieben, Kultur erzeugen. Auch wenn diese dann von anderen Kulturen zerstört wird (von denen die die Kommunikationsmittel und -kanäle dafür besitzen) oder nie Produkte für den (Kunst)Handel daraus entstehen.“[63]

Alle Menschen sind Künstler*innen. Alle können Theater spielen, auch die Schauspieler*innen! In Analogie zu den anderen Künsten, der Musik als Gestaltung und Anordnung von Klängen in der Zeit, der bildenden Kunst als Gestaltung und Anordnung von Farben und Formen im zwei- oder dreidimensionalen Raum, beschreibt Boal das Theater als Gestaltung und Anordnung von menschlichen Handlungen in Zeit und Raum. Theater ist eine Repräsentation und nicht die Wiederholung von sozialer Wirklichkeit. Es arbeitet mit Darstellung und Stellvertretung, mit Schilderungen und Interpretation und mit Verkörperung und Aufführung. Dass große Künstlerpersönlichkeiten wie Mozart oder Picasso bedeutende Werke geschaffen haben, bedeutet nicht, dass alle anderen Menschen nicht auch Musik machen oder malen könnten. Diese Sicht schmälert die Leistungen der „großen“ Frauen* und Männer*, die in der Kunst Außergewöhnliches zu Stande gebracht haben nicht, sie spiegelt lediglich ein demokratisches Kunstverständnis wider.

---

[63] Augusto Boal: „An Investiture as Culture“. Aufsatz anlässlich der Wahl Lulas zum Präsidenten Brasiliens. E-Mail-Dokument im Besitz des Autors, 2002.

So wie jede andere Sprache dient auch das Theater den Menschen dazu, sich auszudrücken. In einer Welt, in der ständig Eindrücke auf uns wirken, ist es notwendig, dass wir diesen Eindrücken einen Ausdruck entgegenhalten. Wer nie gelernt hat, verlernt oder vergisst sich auszudrücken, wird in einer Flut von Eindrücken ertrinken. Die Ausdrucksmöglichkeiten sind vielfältig. Der Mensch kann reden, lachen, weinen, schreien, sich bewegen, tanzen, schreiben, singen, malen, modellieren oder Theater machen. Was für den Einzelnen gilt, gilt im selben Ausmaß für Gesellschaften. Alle Kulturen haben Wege des Ausdrucks gefunden, die ihnen geholfen haben, mit sich und der Umgebung einen Ausgleich zu schaffen. Aktiv Theater zu machen ist eine Möglichkeit, auf die Realität zu reagieren, ein Weg, auf die Fragen der Realität zu antworten.[64]

Kunst hilft, die Vielfalt der Welt zu entdecken. Dabei geht es sowohl um die Kunst des Prozesses als auch um die Kunst als Produkt.[65] In einer konsumorientierten Gesellschaft wird Kunst tendenziell auf ein Produkt reduziert, dem Prozess eine weit geringere Bedeutung beigemessen. Dabei muss nach einem künstlerischen Prozess nicht unbedingt ein Produkt stehen. Für das TdU ist zunächst der Prozess wichtig, der das Ziel hat, die künstlerischen Kapazitäten aller Teilnehmenden zu wecken und daraus zu schöpfen. Der Akt des Schöpfens verändert bereits die Schöpfenden, und das Produkt kann nun auf jene wirken, die nicht am Prozess beteiligt waren und Veränderungen anregen. Liegt ein künstlerisches Produkt vor, wird durch die Rezeption der Zuhörer*innen oder der Zuschauer*innen ein Prozess in Gang gesetzt, der es erst zu Kunst werden lässt. Dadurch erhält Kunst ihre soziale Dimension.

---

[64] Vgl. David Diamond: *Theatre for Living*, Victoria (BC), Oxford, 2007, S. 44 ff.

[65] Vgl. Augusto Boal: *The Aesthetics of the Oppressed*, London, New York, 2006, S. 17 f. und David Diamond: *Theatre for Living*, Victoria (BC), Oxford, 2007 S. 72.

Sie ermutigt im besten Fall sowohl Ausführende als auch Zusehende, wieder schöpferisch tätig zu werden.
Es liegt in der Hand der Künstler*innen, wie das Produkt aussieht und mit welcher Wertschätzung diese an die Sache herangehen. Dabei ist es unerheblich, ob jemand „Boal'sches Theater“ oder „normales Theater“ macht. Darin liegt kein Widerspruch, weil TdU „normales Theater“ ist, aber eben von Menschen gemacht wird, denen ansonsten das Recht, Theater zu machen, abgesprochen wird. Das Boal'sche Theaterverständnis bewegt sich in einem demokratischen, nicht-elitären Rahmen mit hohen ästhetischen Ansprüchen. Das Theater bleibt dabei Theater und wird nicht zum Rollenspiel. Ein Unterscheidungsmerkmal zum Rollenspiel oder anderen szenischen Methoden stellt die Wiederholbarkeit dar. Alle Methoden des TdUs weisen reproduzierbare Elemente auf, die geprobt und niedergeschrieben werden können. Dadurch wird der ästhetische Prozess gelenkt und auf ein ästhetisches Produkt hingearbeitet.
Boal sah die Aufgabe des Theaters darin, Kunstform und Kampfkunst zugleich zu sein. „Today, theatre is a martial art!“[66] Der Kampf richtet sich gegen die Ästhetik des Fernsehens und Hollywoods, gegen die weltweite Vereinheitlichung, welche kulturelle Identitäten zerstört und Qualität nach unten nivelliert und gegen die Übergriffe der Medienimperien auf unseren Alltag und unser (Kultur-)Leben in einem gleichschaltenden Globalisierungssog, der in erster Linie dem Kapitalismus dient. Boal kämpfte mit seinem Theater für eine Kultur des Dialogs und des Träumens.

Boals Geschichte II

Wie kam Boal zum Theater oder besser gesagt: Auf welchem Weg kam das Theater zu Boal? In seiner Autobiografie tauchen

[66] „Heutzutage ist Theater eine Kampfkunst!“ Augusto Boal: *The Aesthetics of the Oppressed*, London, New York, 2006, S. 62.

mehrere Einflüsse auf, die in dieser Hinsicht prägend waren. So beschreibt er zum Beispiel, wie er als Kind eine Ziege dressierte und mit den beigebrachten Kunststücken Vorführungen gab, wie er mit Geschwistern und Cousinen Stücke erfand und vor Erwachsenen gegen Bezahlung mit Kronkorken spielte, und wie er schon als Kind begann, Stücke zu schreiben. Irgendwann wurde ihm klar, dass er in seinem Leben irgendetwas mit Theater machen wollte.

> „I knew I wanted to do theatre. After the experience of directing the goat, four brothers and assorted cousins, having written poems and stories, a handful of dialogues and versions of old novels, I did not want to stop: I wanted theatre! Theatre, theatre."[67]

Der elterliche Wunsch, etwas Vernünftiges zu machen, und seine Jugendliebe Renata brachten ihn aber vorerst dazu, Chemie zu studieren. Er absolvierte das Grundstudium in Brasilien, wo er an der chemischen Fakultät die Kulturabteilung (!) leitete. In dieser Funktion knüpfte er Kontakte zur Theaterszene und hier vor allem zum brasilianischen Theaterautor Nelson Rodrigues[68], über den er schreibt: „He wrote Brazilian plays about Brazilian life for Brazilian spectators."[69] In New York schloss er die Ausbildung zum Industriechemiker ab und

---

[67] Augusto Boal: *Hamlet and the Baker's Son*, London, New York, 2001, S. 103.

[68] Nelson Rodrigues (1912–1980): brasilianischer Dramatiker und Journalist, prägte das Genre der „tragédia carioca" (Rio de Janeiro-Tragödie); „Die zeitgenössische brasilianische Theaterkritik datiert den Ausgangspunkt der modernen nationalen Dramatik auf das Jahr 1943, in dem *Vestido de Noiva* (Brautkleid) von Nelson Rodrigues uraufgeführt wurde." Gerd Hilger: „Aspekte des modernen brasilianischen Theaters" in: Heidrun Adler (Hrsg.): *Theater in Lateinamerika. Ein Handbuch*, Berlin, 1991, S. 65.

[69] Augusto Boal: *Hamlet and the Baker's Son*, London, New York, 2001, S. 108.

gleichzeitig bot sich die Gelegenheit, an der Columbia University Regie, Modernes Drama, Griechisches Theater und Dramaturgie zu studieren. Nach einem Jahr durfte Boal mit Erlaubnis seines Vaters, wofür er ihm sehr dankbar war, ein weiteres Jahr in New York studieren. Während dieser Zeit lernte er unter den Fittichen von John Gassner[70] das Theater und die Kunst des Schauspiel(er)s immer mehr lieben, er durfte als Beobachter im Actors' Studio dabei sein und machte, auch mittels seiner Tätigkeit als Journalist für eine Zeitung in São Paulo, Bekanntschaft mit der New Yorker Szene. Unter ihnen waren Stella Adler (Schauspielerin und Gründerin der gleichnamigen Schauspielschule), Elia Kazan (Regisseur, Oscar®-Gewinner, Mitgründer des „Actors Studio" in New York) und die jungen, noch unbekannten, späteren Hollywood-Stars Anthony Perkins und James Dean. Als Mitglied der „Brooklyn Writers' Group" sammelte er wertvolle Erfahrung, denn es ging nicht nur darum, selbst Stücke zu schreiben, sondern die der anderen Mitglieder auch gegenzulesen. Mit *Martim Pescador*, einer beißend realistischen brasilianischen Fischergeschichte, gewann Boal einen informellen Wettbewerb an der Columbia University, dessen Preis eine Aufführung durch andere Studierende gewesen wäre. Das Direktorat erklärte jedoch das Stück sowohl inhaltlich als auch formell für unpassend und so kam es zu keiner Aufführung im Rahmen des Wettbewerbs. Kurzerhand beschloss die Writers' Group eine eigene Aufführung auf die Beine zu stellen, bei der drei Stücke von den Autoren selbst inszeniert wurden, nämlich Boals Komödie *The House Across the Street*, *The Horse and the Saint* anstelle von

[70] John Gassner (1903–1967): Theaterwissenschaftler, Kritiker, Publizist; Augusto Boal bezeichnete José Augusto (seinen leiblichen Vater), Paulo Freire, Nelson Rodrigues und John Gassner als seine „Väter". Von ersterem lernte er zu leben und zu arbeiten, seine Arbeit zu leben, von zweiterem zu lernen und zu lehren, der dritte wies ihm den Weg ins Theater und vom vierten lernte er über Schauspiel und Dramaturgie. Vgl. Augusto Boal: *Legislative Theatre*, London, New York, 1998, S. 129.

Martim Pescador und *The Old Man* eines Kollegen. So kam Boal ungeplant, denn er wollte sich aufs Schreiben beschränken, zu seiner ersten Regie. Die Gruppe hatte weder Schauspiel- noch Produktionserfahrung und lernte, indem sie gemeinsam ins kalte Wasser sprang. Ein kleines Theater am Broadway erlebte hiermit die Premiere Boal'schen Theaters. Obwohl zur Aufführung ausschließlich Freunde, Bekannte und Verwandte erschienen, waren die drei Aufführungen für die Gruppe ein großer Erfolg. Immerhin fanden sie am Broadway statt!

Boal schloss sein Chemiestudium ab, was ihm später, so sagte er, bei der Systematisierung des TdUs zugutekam. Nach seiner Rückkehr nach Brasilien frischte er die alten Kontakte in Rio wieder auf. Über die Vermittlung eines Freundes erhielt Boal 1956 die Anfrage, ob er sich vorstellen könnte, im Teatro de Arena in São Paulo Regie zu führen.[71] Boal selbst sah sich noch nicht als Regisseur, aber es hatte sich herumgesprochen, dass er „am Broadway" inszeniert hatte. Einen Versuch wäre es wert.

[71] Vgl. Augusto Boal: *Hamlet and the Baker's Son*, London, New York, 2001, S. 142. Henry Thorau schreibt in der Einleitung zu *Theater der Unterdrückten, Übungen für Schauspieler und Nicht-Schauspieler* auf Seite 10, Boal hätte das Teatro de Arena 1956 gegründet. Das ist – soweit ich das sehe – ein Irrtum. Auch dass er 1956 dessen Leiter wurde, wie es in anderen (Kurz-)Biografien zu lesen ist, stimmt nicht. Letzteres beruht, so vermute ich, auf einem Missverständnis, weil im Englischen „director" eben nicht nur „Direktor", sondern in diesem Zusammenhang eher „Regisseur" bedeutet. Das Teatro de Arena arbeitete als Kollektiv. In *Hamlet and the Baker's Son* heißt es auf Seite 142:
„[…] the telephone rang: […] ‚The Arena Theatre needs a director.[…]' ‚I am not a director…' […] José Renato, Arena's director, was frank und direct: ‚You said that you aren't a director, but maybe you have got what it takes.'"

3.3.1 Teatro de Arena

Boal war bereits vor der Entwicklung des TdUs als national und international anerkannter und erfolgreicher Autor und Regisseur tätig. Von 1956 bis 1971 prägte er das Teatro de Arena, eine 1953 in São Paulo gegründete Theatergruppe. Durch Boal wurde „[die] Darstellung der politischen Realität als Klassenkampf aus marxistischer Sicht zur Grundlage der kollektiven Theaterarbeit.“[72]

Auch in ästhetischer Hinsicht setzte das Teatro de Arena neue Maßstäbe. Zuerst entgegen einer privilegierten Ästhetik europäischer Prägung, später weg vom Naturalismus hin zu Elementen der Farce und mit der politischen Satire *Revolução na America do Sul* (Revolution auf südamerikanisch) leitete Boal 1960 den Beginn der Brecht-Rezeption in Brasilien ein.

Am Beginn seiner Arbeit mit dem Teatro de Arena machte Boal die Gruppe zunächst mit dem Theaterverständnis von Stanislawski[73] vertraut. Die Spieler*innen hatten bis dahin seiner Ansicht nach übertrieben gespielt und die Figuren nicht gelebt.

> „From my professional debut in September 1956, Stanislavski has been and always will be my main point of Reference as a director.“[74]

[72] Gerd Hilger: „Aspekte des modernen brasilianischen Theaters“ in: Heidrun Adler (Hrsg.): *Theater in Lateinamerika. Ein Handbuch*, Berlin, 1991, S. 77.

[73] Konstantin Sergejewitsch Stanislawski (1863–1938): Schauspieler, Regisseur, Theoretiker. Schauspieltheorie der „produktiven Einfühlung“: Durch psychologische Techniken sollen Schauspieler die Bühnenfigur mit eigenem Erleben ausfüllen. Standardwerk: *Die Arbeit des Schauspielers an sich selbst*, 2 Bände, Berlin 1961 und 1963.

[74] „Seit meinem Debüt im September 1956 ist Stanislawski immer mein Hauptreferenzpunkt als Regisseur gewesen, und er wird es immer bleiben.“ Augusto Boal: *Hamlet and the Baker's Son*, London, New York, 2001, S. 144.

Besonderen Wert legte Boal dabei auf die Augen, den Blick zwischen den Figuren. Die Figuren entstehen in den Schauspieler*innen und kommen durch deren Augen zum Vorschein. Die Wahrhaftigkeit des Theaters liegt in der Beziehung zwischen den Schauspieler*innen und in der Leidenschaft, welche zwischen ihnen lodert. Der entscheidende Funke springt aus den Augen über. Als Regisseur sah Boal seine Aufgabe darin, in einer Art Hebammenfunktion den Schauspieler*innen zu helfen, die Figuren zu gebären. Er verglich diesen Prozess mit der Kunst des Fragens in der sokratischen Philosophie.[75] Das Ziel des Teatro de Arena war es, ein Volkstheater aufzubauen, das die Interessen der Arbeiterklasse, des Bauernstandes und der Studentenbewegung miteinbezieht. In seiner Anfangszeit bestand das Repertoire hauptsächlich aus Stücken junger Autoren und Boal inszenierte Dutzende davon. Das Teatro de Arena war immer auf der Suche nach „dem Volk", den „einfachen Leuten", stand aber vor dem Problem, dass seine Mitglieder aus dem eher wohlhabenden Bürgertum stammten.

In der zweiten Entwicklungsphase des Teatro de Arena inszenierte Boal internationale Klassiker, ausgehend von der Annahme, dass ein Stück von universeller Gültigkeit diese auch für Brasilien besitzt. Die Stücke wurden durch das Teatro de Arena ästhetisch neu bearbeitet und für brasilianische Verhältnisse adaptiert, ohne dabei viel am Text zu ändern. 1964 brachte das Teatro de Arena *Tartuffe* von Molière auf die Bühne. Es folgten 1965 *El Mejor Alcalde, el Rey* von Lope de Vega und *La Mandragola* von Machiavelli, 1966 *Revizor* (Der Revisor) von Gogol und 1968 *La Moschetta* von Ruzzante.

---

[75] „Ich weiß, dass ich nichts weiß." Diese sokratische Grundannahme ermöglicht einen Dialog, bei dem jede Antwort eine neue Frage provoziert. Ziel dieses Dialoges ist es, gemeinsame Einsichten und ein Verstehen über Hintergründe zu erlangen, ohne einen Anspruch auf die Endgültigkeit dieses Wissens zu erheben.

Danach begann eine Ära mit einer Reihe von musikalischen Revuen, in denen die Arena-Gruppe als Kollektiv die Geschichten brasilianischer Helden erzählte: „Arena erzählt die Geschichte von: Zumbi", oder „[…] die Geschichte von: Tiradentes", oder „[…] von: Bahia" etc.[76] Dabei experimentierte die Gruppe mit verschiedenen stilistischen Mitteln und arbeitete sehr viel mit Brüchen, weshalb die Aufführungen kaum mit dem vergleichbar sind, was allgemein unter einer Musikrevue oder gar einem Musical verstanden wird.
Bereits nach dem ersten Militärputsch von 1964 wurden die Mitglieder des Teatro de Arena politisch verfolgt. Nach dem Putsch von 1968 wurden allerdings alle Formen des Volkstheaters verboten und eine strenge Zensur eingeführt. Während der Diktatur organisierte Boal erstmals einen „Markt der Meinungen" (*Feira de Opinião*), ein Festival wo verschiedene Autor*innen, Komponist*innen, Dichter*innen, Maler*innen, Bildhauer*innen und andere Künstler*innen[77] ihrer Haltung gegen die Diktatur durch ihre Kunst Ausdruck verliehen. Später wiederholte er Ähnliches in New York und Portugal. Das Regime reagierte auf diese Darbietungen mit Gewalt. Das Militär stürmte das Theater, zerstörte die Einrichtung, inhaftierte und folterte viele der Künstler. Die Produktion *A Resistível Ascensão de Arturo Ui* (*Der aufhaltsame Aufstieg des Arturo Ui*) nach Bertolt Brecht wurde 1971 vom Militär als weitere Provokation betrachtet. Gleichzeitig erhielt das Teatro de Arena internationale Einladungen nach Buenos Aires und zum „Festival Mondial du Théâtre" nach Nancy/Frankreich.
Das Teatro de Arena, das sich schließlich 1972 auflöste, war immer ein Theater der Bewusstseinsbildung. Boal gehörte zur Generation demokratischer brasilianischer Intellektueller, die gegen die Diktatur kämpften. Als Antwort auf die Repressionen entschlossen sich Boal und die Mitglieder des Teatro de

[76] Auf Brasilianisch hieß das Stück dann z. B. „Arena conta Zumbi".
[77] In der Mehrzahl dürften es Männer gewesen sein, vermute ich.

Arena dazu, eine andere Form des Volkstheaters, außerhalb eines Schauspielhauses, zu entwickeln, bei der das Publikum selbst seine Aufführungen produzieren sollten: das Zeitungstheater. Elf Techniken, die ein Stück Zeitung oder jede andere schriftliche Quelle in ein Theaterstück verwandeln. Damit beginnt die eigentliche Geschichte des Theaters der Unterdrückten.

Es waren vor allem Stanislawski und Brecht, an denen sich Boal orientierte. Stanislawski war für ihn auf Grund seiner Ansichten über die Kunst des Schauspielers und die Arbeit des Schauspielers an sich selbst relevant. Bei Brecht waren es vor allem die Ansätze in Richtung des verändernden Potenzials des Theaters und die theater- und gesellschaftstheoretischen Überlegungen, die für das Theaterverständnis von Boal prägend waren, und er bezeichnete sich als „amicus Verfremdungseffekt"[78].

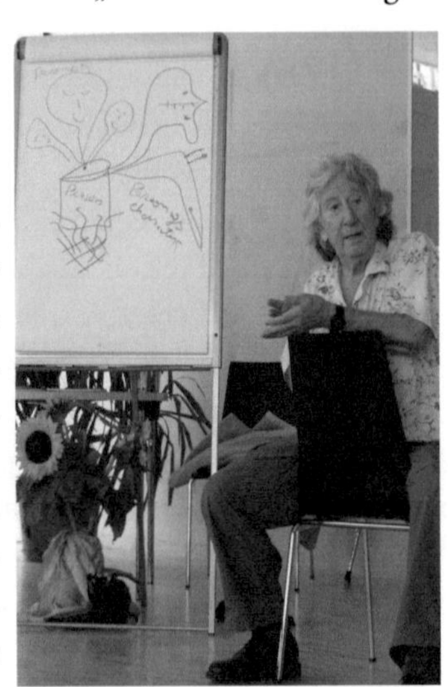
Boal vor seiner Zeichnung der Herdplatte, des Schnellkochtopfs und der entweichenden Dämonen, Innsbruck, 2005, Foto: Josefina Echavarría

Die Wahl der Theaterrichtung ist letztlich sekundär, solange es sich um sinnvolles Theater handelt. Im Gegensatz dazu stünde ein Theater des Nonsens. Theater muss zeigen, wie die Dinge wirklich sind und nicht die wirklichen Dinge, und „[theatre] has to be in flesh and blood. Otherwise, it is entertainment."[79] Boal betonte einmal, dass er sich nicht um Realismus im Theater schere, aber eine realistische Darstellung sei ebenso eine Mög-

[78] Augusto Boal: *The Aesthetics of the Oppressed*, London, New York, 2006, S. 73.

lichkeit wie eine tänzerische, eine abstrakte, eine musikalische, eine avantgardistische, eine absurde, schemenhafte, tragische oder komische. Für die realistische Darstellung gibt Boal allerdings eine Warnung aus: „The realist style is as subjective as any other, but it is dangerous because it pretends to be the opposite."[80]

Dem Theater wohnen Eigenschaften inne, die es einzigartig machen. Das Theater ist eine Zeitmaschine in die Vergangenheit und in die Zukunft. Sie ermöglicht Reisen an alle möglichen und unmöglichen Orte. Für Boal fungierte das Theater auch als Herdplatte, die das Individuum (lat. „das Unteilbare"), die Person aufheizt, wodurch verschiedene Charaktere, Rollen und Figuren zum Vorschein kommen und dem Individuum entweichen. Es bringt aber nicht nur die einzelnen Personen zum Kochen, vielmehr wirkt das Theater im Gesamten und versetzt in Schwingung. Die Aufgabe des Theaters ist es, ein Unruheherd zu sein, der Menschen dazu bringt, die Komfortzone zu verlassen. Ein Unruheherd, der aufwühlt und verunsichert. Im konventionellen Theater sah Boal vielfach das Gegenteil, weshalb er für das TdU vehement das Ziel vorgab „nicht Ruhe und Ausgeglichenheit [zu erzeugen], sondern ein Ungleichgewicht, das den Weg für eine Handlung vorbereitet."[81]
Für die Schauspieler*innen bedeutet dies, und auch da folgte Boal den Ansichten Stanislawskis, dass sie sich auf eine Verunsicherung ihrer Persönlichkeit einlassen müssen. Um eine Rol-

[79] „Theater muss aus Fleisch und Blut sein. Sonst ist es Entertainment." Augusto Boal: *Games for Actors and Non-Actors,* London, New York, 2002, S. 244. („Entertainment" steht laut Anmerkung auch im Original (Portugiesisch), weshalb es hier auch nicht übersetzt wird.)

[80] „Der realistische Stil ist genauso subjektiv wie jeder andere, aber gefährlich, weil er vorgibt, das Gegenteil davon zu sein." Augusto Boal: *Games for Actors and Non-Actors,* London, New York, 2002, S. 180.

[81] Augusto Boal: *Regenbogen der Wünsche,* Seelze (Velber), 1999, S. 72.

le darstellen zu können, muss die Figur innerhalb ihres Darstellers gesucht werden. Das Feuer des Theaters, das den Schnellkochtopf „Seele" zum Brodeln bringt, lässt Dämonen und Heilige, die neurotischen, melancholischen, paranoiden, psychopatischen, schizophrenen Aspekte eines Menschen zum Vorschein kommen, die es laut Boal braucht, um die Charaktere eines Bühnenstücks darzustellen. Alle Bühnenfiguren seien im Sinne des gesellschaftlich „Normalen" als krank zu bezeichnen. Die Menschen gingen nicht ins Theater, um „normale" Menschen in ihrem Alltag zu sehen.

> „Meine wohlbegründete Hoffnung lautet: Wenn sich ein Schauspieler in eine gestörte Person verwandeln kann, dann müsste sich eine weniger gefestigte, ‚kranke' Person auch zu einem stabileren, ‚gesunden' Menschen entwickeln können."[82]

Diese personenzentrierte Hoffnung lässt sich auf die Gesellschaft umlegen, weil es dem Theater gelingt, neben persönlichen auch gesellschaftliche Abgründe aufzuzeigen. Es muss demnach möglich sein, im Theater die Ressourcen zu stärken, die nötig sind, um gesellschaftliche Missstände zu überwinden. Boal hat wenig an der Kunstform „Theater" gerüttelt. Er hat das Theater allerdings geöffnet, Trennlinien aufgehoben und das Theater nach allen Richtungen hin durchlässiger gemacht. Das TdU ist in seiner räumlichen Dimension durchlässig, weil es explizit aus den Schauspielhäusern getragen wurde[83], es ist in seinem künstlerischen Entstehungsprozess durchlässig, weil es unmittelbar aus der Alltagswelt heraus wächst und weil kollektiv gearbeitet wird. Und es ist in seiner künstlerischen Wirkung durchlässig, weil es wieder in den Alltag einfließt. Die Trennlinie zwischen Bühnen- und Zuschauerraum, zwischen

[82] Augusto Boal: *Regenbogen der Wünsche*, Seelze (Velber), 1999, S. 46.
[83] Natürlich ist das nicht Boals Erfindung, aber er war ein großer Verfechter und Verbreiter dieser Idee.

aktiv und passiv ist aufgehoben. Die Durchlässigkeit kann sich auf Bereiche, in denen ein ähnliches hierarchisches Verhältnis herrscht, ausweiten. Auf Grund dieser Durchlässigkeit fand das TdU Eingang in die Politik, die Sozialarbeit, in diverse Therapieformen, in die Gefängnisse, in unterschiedliche Gesellschaften, Kulturen und Theatertraditionen, wozu auch das klassische europäische Theater mit seinen klassischen Spielorten gehört.

Was ist es nun, das Theater der Unterdrückten? Ist es eine Theaterschule, eine Theaterrichtung, eine pädagogische Methode oder eine sozialpolitische Bewegung? Noch bevor Boal das TdU entwickelte, wurde sein sich laufend verändernder Stil, ein Mix aus Gesang, Revue, Musical, Ballett, Sprechtheater, Improvisation, Zirkus als alles Mögliche bezeichnet, nur eben nicht als Theater. Dabei drückte es Boal selbst so aus: „I am theatre! Theatre is what I do!"[84] Bei der Frage nach Zuständigkeiten, vor allem bei Anfragen an Subventionsgeber, spielte diese Frage immer schon eine Rolle und tut es noch heute, wie Diskussionen unter Praktizierenden immer wieder beweisen. Der pragmatische Zugang schlägt vor, das Geld von dort zu beziehen, wo es verfügbar ist. Das kann einmal das Kulturressort sein, ein anderes Mal das Sozial-, Gesundheits-, Bildungs-, Justiz- oder Umweltressort.

Bárbara Santos vom CTO-Rio hat in ihrer Auseinandersetzung mit der Frage „Kunst, Pädagogik oder Politik?" vor dem Hintergrund ihrer Heimat und ihren Erfahrungen in Europa (Großbritannien und Deutschland) folgende treffenden Sätze formuliert:

> „Für das Zentrum des Theaters der Unterdrückten in Rio de Janeiro (CTO-Rio) ist Theater der Unterdrückten im wesentlichen THEATER – eine ästhetische Methode, die Übungen,

---

[84] Augusto Boal: *Hamlet and the Baker's Son*, London, New York, 2001, S. 247.

Spiele und Theatertechniken umfasst, welche die körperliche und intellektuelle Entmechanisierung der Teilnehmenden, die Demokratisierung der theatralen Produktionsmittel und die Erweiterung der Ausdrucksmöglichkeiten der Unterdrückten zum Ziel hat – eine gemeinsame Suche nach Alternativen, ein Versuch, über den theatralen Dialog die Realität zu verändern. […] In der Arbeit des CTO-Rio gehen wir davon aus, dass Wirksamkeit und Erfolg des Theaters der Unterdrückten genau in dieser Tatsache begründet liegen: dass es Theater ist und so das menschliche Wesen an einer fundamentalen Stelle berührt: seinen Gefühlen […]. Theater der Unterdrückten ist kein politisches Theater und auch keine Pädagogik. […] Seine pädagogische Funktion besteht in der Schaffung eines Dialogs, der kollektives Lernen ermöglicht. Am CTO sagen wir, dass wir kein politisches Theater machen, sondern Theater als Politik."[85]

3.3.2 Die Ästhetik der Unterdrückten

„Die Scheu vor der Ästhetik ist das erste Symptom der Schwäche!"[86] (Raskolnikow in „Verbrechen und Strafe")

Der Begriff „Ästhetik" kommt vom Griechischen „aisthetikós", was „wahrnehmend" bedeutet. Er bezeichnete zunächst die „Wissenschaft vom sinnlich Wahrnehmbaren, von der sinnlichen Erkenntnis", und in diesem Sinn verstand ihn Boal. Die Erkenntnis dient dazu, die Welt zu verändern. Dazu ist es in einem ersten Schritt notwendig, ästhetisch tätig zu werden. Man muss kein Dichter sein, um ein Gedicht zu schreiben, aber alle die ein Gedicht schreiben, werden zu Dichter*innen. Die ästhetische Bildung der Unterdrückten hat zum Ziel, die ästhetischen Kapazitäten der Bürger*innen zu entwickeln, die

[85] Bárbara Santos: „Theater der Unterdrückten: mein Reisepass nach Europa", in: Helmut Wiegand (Hrsg.): *Theater im Dialog: heiter, aufmüpfig und demokratisch*, Stuttgart, 2004, S. 175 ff. Übersetzung: Till Baumann.
[86] Fjodor M. Dostojewski: *Verbrechen und Strafe*. 6. Teil, Kap. 7.

seit ihrer Kindheit von der Gesellschaft eingeschränkt wurden. Es geht bei der Ästhetik der Unterdrückten nicht darum, zu zeigen, *wie* es geht, sondern darum, bei der Entdeckung zu helfen, *dass* es geht. Die Ästhetik der Unterdrückten beinhaltet alle Möglichkeiten kreativ zu werden und sich in Schrift, Sprache, Musik, Darstellung, Malerei, Tanz, Objektkunst oder in einer Diskussion auszudrücken. Dabei richtet sich der Blick immer auf die gelebte Wirklichkeit und deren mögliche Veränderungen. Wer die Wirklichkeit verändert, wird durch das Verändern selbst verändert.

Die Menschen werden durch ihre Wahrnehmungen geprägt. Das wissen auch die Mächtigen, die einprägsame Parolen schaffen, Lieder, Rhythmen und Bilder kreieren und damit die Bevölkerung bewusst manipulieren. Dies geschieht in der Politik, in der Werbung, der Wirtschaft und in der Erziehung. Im *Prometheus-Projekt* [87], das in Anlehnung an den Titanen, der den Menschen das Feuer brachte, so bezeichnet wurde, setzte sich Boal das Ziel, in der Arbeit mit Unterdrückten alle Formen der ästhetischen Wahrnehmung zu schärfen und so den Mächtigen entgegenzuwirken. Die Aufmerksamkeit Boals konzentrierte sich besonders auf die Macht des Wortes und in vielen seiner Überlegungen stützte er sich auf Kommunikationstheorien, die den Bedeutungswandel der Worte auf dem Weg vom Sender zum Empfänger thematisieren.[88] Worte sind auch Symbole, und es geht darum, zu lernen diese zu beherrschen, um nicht von ihnen beherrscht zu werden. Boal schlug vor, über eindrückliche Erlebnisse zu schreiben, und über verschiedene Erlebnisse innerhalb der Gruppe zu sozialen und politisch bedeutsamen Themen zu kommen. Um ihre eigene Vielschichtigkeit zu entdecken, sollen sich die Teilnehmer*innen selbst beschreiben. Diese Beschreibungen sollten an unter-

[87] Augusto Boal: *The Aesthetics of the Oppressed*, London, New York, 2006, S. 44 ff.

[88] Ebd., S. 13 ff.

schiedliche Menschen wie etwa den Partner, den Chef oder den Präsidenten gerichtet sein. Beim Schreiben von Gedichten könnte die Aufgabenstellung lauten, alles zu einem bestimmten Gefühl zu notieren, um im Anschluss mit Hilfe von Weglassungen zum wesentlichen Kern eines Themas vorzudringen. In Bezug auf die Bilderwelt, die es ebenfalls eigenmächtig zu gestalten gilt, werden mit Alltagsmaterialien, Naturmaterialien oder gesäubertem Abfall Skulpturen zu gruppenrelevanten Themen gefertigt. Fotografien können ebenfalls als ästhetisches Mittel zur Bewusstseinsbildung dienen, wenn etwa eine Gruppe Bilder zu Fragen der Wohnsituation oder der Arbeitswelt sammelt und vergleicht. Bei der Bearbeitung von bereits existierenden Bildern, geht es darum, diese zu verändern und dadurch Stellung zu einem Thema zu beziehen. Auf diesem Weg gebe ich den Bildern eine persönliche Bedeutung. Dazu eignen sich vor allem symbolträchtige Bilder wie Fahnen, Wappen, Logos von Konzernen, instrumentalisierte Formen wie die Umrisse von Landschaften oder Wahrzeichen, moderne Ikonen oder Werbesujets. Dasselbe gilt für die Welt der Klänge, wo den Werbejingles, der Kaufhausmusik, dem Industrielärm oder dem Rhythmus der Straße im konkreten, oder im übertragenen Sinn dem Rhythmus des Geldes, die eigene Musik entgegengebracht werden soll. Ausgehend vom Rhythmus des eigenen Herzschlags, des Atems oder dem Schlaf-Wach-Rhythmus lassen sich Melodien für das eigene Leben komponieren. Ebenso lässt sich der Alltag, die Arbeit oder die Familie mit ihren „komponierten“ Abläufen in Gesänge und Tänze umwandeln.

Die ästhetische Arbeit bezieht sich sowohl auf das Individuum als auch auf die Gruppe und befindet sich in einem Dialog zwischen den einzelnen Ausdrucksformen, zwischen den Menschen, zwischen unterschiedlichen Traditionen und Kulturen. Das Theater ist die Summe aller Sprachen und Ausdrucksformen.

3.3.3 Der ästhetische Raum[89]

Die Ästhetik erlaubt es dem Theater mit Hilfe der sinnlichen Wahrnehmung eine Realität zu erschaffen, während sie es gleichzeitig ermöglicht, sich über die Grenzen von Zeit und Raum hinwegzusetzen. Das Theater braucht sich an keine Linearität zu halten. Zum „ästhetischen Raum" gehört die Wirkung des als Bühne ausgeschriebenen Raumes auf jenen Bereich, der seine Aufmerksamkeit auf ihn richtet. Damit wird ein Instrument zur Beobachtung des Geschehens geschaffen, das auf einem Übereinkommen zwischen allen Beteiligten beruht. Alle im Theater befindlichen Personen einigen sich über Ort, Zeit und Zeitraum der Handlung. Im konventionellen Theater wird dabei auf eine strenge Trennung zwischen Zuschauer*innen und Schauspieler*innen geachtet, die mit Hilfe einiger Barrieren, wie einem Podest, einer Kostümierung oder der Bühnensprache verfestigt wird.

Neben der zeitlichen und räumlichen Dehnbarkeit birgt der ästhetische Raum noch eine weitere Eigenschaft in sich, die Boal als „telemikroskopisch" bezeichnet. Die Geschehnisse können auf der Bühne näher beleuchtet, wie durch ein Teleskop herangezoomt und wie durch ein Mikroskop vergrößert werden. Wird die Wahrnehmung im Theater durch die Dehnbarkeit und die Trennung von Zeit und Raum einerseits und die Verzerrung der Realität andererseits erschwert, so bedeutet die telemikroskopische Eigenschaft zum Ausgleich eine Erleichterung der Wahrnehmung, weil sie die Aufmerksamkeit gezielt auf den Vorgang auf der Bühne lenkt.

Das Ausschöpfen des ästhetischen Potenzials beinhaltet auch die Aktivierung von Erinnerungen, Assoziationen und der Phantasie. Sie rührt an Emotionalem und Unbewusstem. Wer sich im ästhetischen Raum bewegt, kann sich in seinem Tun

[89] Augusto Boal: *Regenbogen der Wünsche*, Seelze (Velber), 1999, S. 28–39.

wahrnehmen. Man ist immer gleichzeitig in der Rolle und man selbst. Theater ist eine Form des Wissenserwerbs, was es nicht zuletzt seiner Ästhetik, der sinnlichen Erkenntnis, verdankt.

3.3.4 Theater von Augusto Boal

Oft wird übersehen, dass es nicht nur „Theater nach Boal" oder „Boal'sches Theater" gibt, sondern im durchaus konventionellen Sinn auch „Theater von Boal". Während und auch noch lange nach der Zeit im Arena Theater in São Paulo war Boal als Regisseur und Autor tätig. In der folgenden Auswahl der Regiearbeiten gegen Ende und nach seiner Zeit im Teatro de Arena bleiben die Regie- und Stückarbeiten für Forumtheater oder Unsichtbares Theater explizit ausgespart. Sofern nicht anders angegeben, ist Boal auch der Autor der Stücke.

1971:

- *Latin America: Fair of Opinion (Lateinamerika: Meinungsmarkt)*, New York, verschiedene Künstler*innen und Autor*innen
- *Torquemada*, mit Student*innen, New York
- *Arena conta Zumbi* und *Newspaper Theatre*, Festival Mondial du Théâtre, Nancy/France
- *El gran acuerdo internacional del Tío Patilludo*, (*Das große internationale Abkommen des Onkel Dagobert*[90]), Nancy, Paris, in Italien und verschiedenen Ländern Lateinamerikas

1972:

- *Revolução na America do Sul*, (*Revolution auf Südamerikanisch*), Argentinien

---

[90] Anmerkung: „Tío Patilludo" wird von Henry Thorau mit „Onkel Sam" (Uncle **SA**m steht für die USA) übersetzt, bezeichnet im Spanischen allerdings auch Dagobert Duck, der unschwer ebenso für die USA steht.

Bei der Gruppe „A Barraca" in Lissabon führte er Regie bei:

- *Tiradentes*
- *Zé do Telhado*, von Helder Costa, Musik: Zeca Affonso
- *Feira Portuguesa de Opinião*, verschiedene Künstler und Autoren
- *Zumbi*

1979:

- *Coup De Poing Sur La Ponte Du Couteau* (*Mit der Faust ins offene Messer*), Théâtre de la Tempête, Paris, und Schauspielhaus Graz/Österreich, 1980

1982:

- *Nichts mehr nach Calingasta,* von Julio Cortazar, Schauspielhaus Graz

1983:

- *Zumbi*, Schauspielhaus Graz
- *La increíble y triste historia de la cándida Eréndira y de su abuela desalmada (Die unglaubliche und traurige Geschichte von der einfältigen Eréndira und ihrer herzlosen Großmutter),* von Gabriel García Márquez, Paris

1984:

- *O Corsário do Rei*, Rio de Janeiro

1985:

- *La Malasangre*, von Griselda Gambaro, Nürnberg und Rio de Janeiro
- *Phaedra*, von Jean Racine, Rio de Janeiro
- *Das Publikum*, von Frederico García Lorca, Schauspielhaus Wuppertal

1995:

- *Iphigenie a Aulis*, von Euripides, CTO Paris

Ende der 1990er-Jahre inszenierte Boal in Rio de Janeiro mit *Carmen* von Bizet seine erste SambÓpera (eine Oper mit Samba-Musik), der noch Giuseppe Verdis *La Traviata* in diesem

Stil folgen sollte. Seinen Traum, den *Hamlet* mit den Methoden des TdUs zu inszenieren, konnte er sich nicht mehr erfüllen.[91]

Augusto Boals Stücke:[92]
1957: *Marido magro, mulher chata* (*Ehemann mager, Frau flach*)
1960: *Revolução na América do Sul* (*Revolution auf südamerikanisch*): In Brecht'scher Manier erzählt Boal darin die Geschichte eines Mannes, der den Politikern jedes Wort glaubt und am Wahltag den Hungertod stirbt. Von denselben Politikern wird ihm ein Denkmal errichtet, um seine Geschichte für ihre Zwecke zu instrumentalisieren. Das Stück wurde als Meisterstück von der Kritik gelobt und löste gleichzeitig innerhalb des Teatro de Arena Kontroversen rund um die Problematik aus, die entsteht, wenn Unterschichtthemen für ein Mittelschichtpublikum gespielt werden.[93]
1961: *José do Parto a Sepultura* (*José von der Wiege bis zur Bahre*)
1965: *Arena conta Zumbi,… Tiradentes,… Bahia*, (*Arena erzählt die Geschichte von Zumbi, Tiradentes, Bahia*)[94]
1967: *Tempo de Guerra* (*Kriegszeit*)
1968: *A lua pequenha e a caminhada pergosa*

[91] Augusto Boal: *Hamlet and the Baker's Son*, London, New York, 2001, S. 340, und Augusto Boal: *Regenbogen der Wünsche*, Seelze (Velber), S. 167.

[92] Augusto Boal: *Mit der Faust ins offene Messer*, Frankfurt am Main, 1990, S. 100. Im Anschluss an den Text des Stückes findet sich hier eine Liste mit Stücken von Augusto Boal. Sowie: Heidrun Adler (Hrsg.): *Theater in Lateinamerika. Ein Handbuch*, Berlin, 1991, S. 342 (Register, ohne Übersetzung).

[93] Augusto Boal: *Hamlet and the Baker's Son*, London, New York, 2001, S. 183 ff.

[94] Die *Arena conta…*-Stücke werden später auch mit anderen Theatern realisiert und heißen dann nur noch z. B. *Zumbi* (vgl. Kap. Teatro de Arena).

1969: *Bolívar, lavrador do mar*
1970: *Teatro Jornal, Primeira Ediçáo* (*Zeitungstheater, Erste Ausgabe*[95])
1971: *El gran acuerdo internacional del Tío Patilludo* (*Das große internationale Abkommen des Onkel Dagobert*)
1971: *Torquemada*
1977: *Murro em Ponta de Faca* (*Mit der Faust ins offene Messer*)
1985: *Corsário do rei* (*Korsar des Königs*)
Der Verlag der Autoren listet auf seiner Homepage zudem auf:

Madonna der Unterdrückten (*Nossa Senhora dos oprimidos*): UA am 10.06.1992 im Vaudeville-Theater, Zürich.
Geschichten aus unserem Amerika (*Crônicas de Nuestra América*)
Das Ende der Zensur (*Felizmente, acabou a censura*)
Der Mann, der eine Fabrik war (*O homem que era una fábrica*)
Die letzte Reise der unsterblichen Großmutter (*A ultima viagem da avó imortal*)

3.4 Politische und wirtschaftliche Grundlagen

Demokratie in ihrem ursprünglichen Wortsinn bildet die Grundlage des TdUs, das im Spektrum der Politik und auch ökonomisch eindeutig links angesiedelt ist. Die Macht geht vom Volk aus! Direkte und repräsentative Demokratie, durchlässige, partizipative und interaktive Demokratie – von dieser Vision träumte Augusto Boal, weil er sie noch in keinem Staat verwirklicht sah. „Aber die Demokratie ist eine Utopie. Wir sollen Träumer sein. Wir sollten von der Demokratie träumen, die es eines Tages geben wird."[96] Sind Staaten dazu fähig? Boal

[95] „Teatro Jornal" wird in der Liste im Anhang von *Mit der Faust ins offene Messer* mit „Theaterzeitung" übersetzt, inzwischen hat sich aber „Zeitungstheater" als stehender Begriff etabliert.
[96] Interview mit Augusto Boal in Wien, in der Tageszeitung *Salzburger Nachrichten*, 9. April 2008.

setzte viel Hoffnung in den 2002 gewählten und bis 1. Jänner 2011 im Amt befindlichen Präsidenten Luiz Inácio „Lula" da Silva der brasilianischen Arbeiterpartei (PT – Partido dos Trabalhadores), für die auch Boal einen Sitz im Stadtparlament von Rio de Janeiro innehatte. Die Wiederwahl Lulas 2006 war von zahlreichen Korruptions- und Bestechungsskandalen in seinem direkten Umfeld gekennzeichnet. Trotzdem gelang es ihm im Amt zu bleiben und seine ehrgeizigen Ziele wie die Landreform, das Null-Hunger-Programm (Fome Zero), die Senkung der Auslandsverschuldung und die Pflege guter Beziehungen zu den Nachbarstaaten recht erfolgreich zu verfolgen. Auf die Frage: „Hat sich mit Lula da Silva etwas geändert?", antwortete Boal:

> „Das war ein extrem positiver Wandel! Der Wandel kommt nicht immer durch das Theater. Ich war immer gegen die Regierungen. Aber jetzt haben wir eine, die mit uns zusammenarbeitet. Unser Kulturminister, der Musiker Gilberto Gil (Im August 2008 legte dieser sein Amt nieder. Anm. d. A.), startete die Initiative ‚cultura viva' (lebendige Kultur), die mehr als 1200 Projekte unterstützt. Musik, Theater, Malerei – ohne die Verpflichtung, das zu tun, was die Regierung will. Ich und mein Zentrum (CTO-Rio, Anm. d. A.), wir haben ‚Lula' immer unterstützt, denn er denkt wie wir. Wir glauben an die Demokratie, […]"[97]

Ökonomisch bedeutet dies, dass sich unter Lula die Lage der sozial Schwächsten stark verbessert hat. Auch wenn solche Zahlen mit einer gewissen Skepsis betrachtet werden müssen, so ist es nicht unerheblich, wenn der Fischer Weltalmanach 2008 von einer Anhebung des Mindestlohns um 8,6 % bei einer Inflation von 3,1 % und einer Reduktion der unter der Armutsgrenze lebenden Brasilianer um 8,6 Millionen (bei einer

[97] Ebd.

Einwohnerzahl von ca. 187 Millionen) schreibt. Dennoch bleibt die soziale Ungleichheit eines der größten Probleme Brasiliens, denn wie in anderen Ländern auch, kam der wirtschaftliche Aufschwung nur einer Minderheit zugute. Noch 2001 schrieb Boal in seiner Autobiografie, dass die Auslandsschulden Brasilien zu einem Sklaven im internationalen Finanzmarktsystem machen, wodurch notwendige Ausgaben für Schulen und Krankenhäuser nicht getätigt werden können.[98] Für 2007 schrieb der Fischer Weltalmanach, dass „[der] stabilitätsorientierte Sparkurs der Regierung da Silva im Verein mit der äußerst günstigen globalen Wirtschaftsentwicklung [...] die Devisenreserven Brasiliens auf Rekordhöhe [brachte]. Dies ermöglichte es dem Land, seine Schulden beim IWF und anderen multinationalen Kreditgebern zurückzuzahlen; Brasilien ist inzwischen selbst Gläubiger gegenüber dem Ausland geworden."[99]

Boals Geschichte III

Augusto Boal war politischer Verfolgung ausgesetzt, wurde verhaftet, eingesperrt, gefoltert und ins Exil gezwungen. Die Produktion des Brecht-Stückes *A Resistível Ascensão de Arturo Ui* (*Der aufhaltsame Aufstieg des Arturo Ui*) des Teatro de Arena, die sich mehr oder weniger offen gegen die Diktatur richtete, führte Boal 1971 auf direktem Weg ins Gefängnis. Er wurde auf dem Nachhauseweg von der Arbeit auf offener Straße entführt und inhaftiert. Erst mit der Zeit wurde ihm der Ernst seiner Lage bewusst. Künstler*innen werden nicht auf Grund ihrer Kunst verhaftet und von totalitären Regimen gefürchtet. Es ist das Politische in der Kunst, das sie aus Sicht der Machthaber zu bedrohlichen Zeitgenoss*innen werden lässt. Im Gefängnis erlebte Boal die Diktatur hautnah, und er

[98] Augusto Boal: *Hamlet and the Baker's Son*, London, New York, 2001, S. 220.

[99] *Der Fischer Weltalmanach* 2008, CD-ROM.

lernte das Theater in dieser Situation für sich zu nutzen. Andere Gefolterte betrachtete er als Anhänger Stanislawskis, die schon den geringsten Schmerz übertrieben darstellten (um nicht noch mehr gefoltert zu werden), während er selbst sich in seiner Vorstellung des Brecht'schen Verfremdungseffekts bediente, um sich vom Augenblick zu distanzieren und das Gesehene nicht zu glauben. Verhöre fanden grundsätzlich ohne konkrete Anschuldigungen statt. Es ging nur darum, den Gefangenen ein Geständnis abzuringen, die Anklage wurde im Nachhinein konstruiert. Boal schaffte es, nicht das Geringste zu gestehen und keine Namen zu nennen. Nach einigen „erfolglosen" Verhören wurde er nackt in Salzwasser gebadet und mit elektrischen Schlägen in hängendem Zustand gefoltert. Erst in dieser Position erfuhr er von der Anschuldigung gegen ihn. Sie lautete: Vaterlandsverrat im Ausland durch die Behauptung in Brasilien würde gefoltert werden.
Während einer Gastregie in Buenos Aires hatte Boal 1966 seine zweite Frau Cecília Thumim kennen gelernt, die mit Fabián einen eineinhalbjährigen Sohn mit in die Ehe brachte. Um die beiden machte er sich während seines Gefängnisaufenthalts Sorgen. Seine Frau und seine Familie suchten erfolglos nach ihm, denn er war unter falschem Namen inhaftiert. Nach einer Woche gelang es seinem Bruder, mit dem er politisch keineswegs einer Meinung war und der Reserveoffizier in der Armee war, ihn ausfindig zu machen und mit ihm zu reden. Er konnte Augusto Boal in Bezug auf seine Frau und seinen Sohn beruhigen und schaffte es schließlich, die Angelegenheit in die Zeitungen zu bringen. In Brasilien selbst gab es wenige Möglichkeiten, aber als die internationale Szene davon erfuhr, setzte eine Welle der Solidarität ein. Arthur Miller veröffentlichte eine Forderung nach sofortiger Freilassung inklusive zahlreicher Unterschriften in der New York Times, Briefe an brasilianische Botschaften ergingen etwa von Peter Brook, Jean Paul Satre und Simone de Beauvoir, Yves Montand, so-

wie Hunderten von Kolleg*innen und Freunden aus der ganzen Welt. Dies bewirkte, dass Boals Fall bereits nach einem Monat zur Untersuchung kam. In den meisten anderen Fällen politisch Inhaftierter dauerte es Jahre, bis diese untersucht wurden. In der Meinung, dass nun alles geklärt werden würde, unterzeichnete er das Eingeständnis, einen Brief aus Kuba ins Land gebracht zu haben. Dies allein genügte, um des Verrats am Vaterland angeklagt zu werden. Er gestand somit sein „Verbrechen". Nun konnte Anklage erhoben werden. In den zwei Monaten im Gefängnis solidarisierten sich die linksgerichteten Insassen untereinander und gaben einander Unterricht in den verschiedensten Dingen: Französisch, Kochen, Gitarre spielen, Geschichte. Boal unterrichtete Theater und schrieb in dieser Zeit einen Roman (*Milagre no Brasil*) und ein Theaterstück (*Torquemada*). Als Geste der Großzügigkeit erhielt Boal die Erlaubnis der bereits erwähnten Einladung nach Nancy zu folgen, musste aber ein Dokument unterzeichnen, in dem er sich verpflichtete bis zur Verhandlung wieder zurück zu sein. Allerdings gab man ihm bei der Unterzeichnung den Rat, dieses Versprechen besser nicht zu halten, denn ein zweites Mal würde man ihn nicht erst verhaften, sondern gleich aus dem Weg räumen. Über New York reiste er nach Nancy zu seiner Gruppe, die dort *Arena conta Zumbi* spielte und mit *Teatro Jornal - 1ª Edição*, ein Stück entstanden mit Zeitungstheatermethoden, präsentierte. Erst im Jahre 1979 wurde Boal amnestiert, seine Heimat Brasilien betrat er erstmals wieder im Dezember desselben Jahres, aber ganz zurück kehrte er erst 1986. „In 1986 I returned there to live, and realised the impossibility. No one returns from exile, ever."[100] Seine Erfahrungen als Flüchtling hat er eindrucksvoll in seinem Theaterstück

---

[100] „1986 kehrte ich zurück, um dort zu leben und bemerkte, dass es unmöglich war. Niemand kehrt aus einem Exil zurück, niemals." Augusto Boal: *Hamlet and the Baker's Son. My Life in Theatre and Politics,* London, New York, 2001, S. 32.

Mit der Faust ins offene Messer verarbeitet (UA 1978 in São Paulo, deutschsprachige EA unter seiner Regie im Jahr 1980 am Schauspielhaus in Graz).
Für Augusto Boals *Life in Theatre and Politics* galt: Das Private ist politisch. Als durch und durch politischer Mensch erachtete er jede Entscheidung und jede Handlung als sowohl von der Politik beeinflusst als auch auf die Politik wirkend. Er verstand alles, was er tat, als Politik, sein Theater war und ist Politik und er selbst war Politik. Weder das TdU noch die Menschen, die TdU machen, können unpolitisch sein. Es ist deshalb darauf zu achten, das TdU in jeder Hinsicht demokratisch und ökonomisch gerecht zu gestalten.

3.5 Methodische Grundlagen

> „I did not invent the Theatre of the Oppressed by myself, in my house, nor did I receive it as tablets of stone from God: it was in the interaction with popular audience that the TO was born, little by little. [...] it created itself by a process of exchange."[101]

Bevor die Methoden angeführt und beschrieben werden, weise ich nochmals darauf hin, dass die Methoden für die Menschen da sind und nicht umgekehrt. Es geht darum, für die Menschen und ihre Situation die passenden Techniken und Hilfestellungen zu finden und nicht für die Methoden die geeigneten Menschen. Und es spielt eine entscheidende Rolle, ob ich die Methode in einem Workshop erlebe, weil mich die Methode interessiert, oder ob mich ein Thema interessiert, bei dessen Bearbeitung die Methode zum Einsatz kommt.

---

[101] „Ich habe das Theater der Unterdrückten nicht erfunden, nicht bei mir zuhause, noch habe ich es in Form von Steintafeln von Gott erhalten. Es wurde durch die Interaktion mit dem Publikum aus dem einfachen Volk geboren, kleinweise [...] hat es sich in einem Austauschprozess selbst erschaffen." Augusto Boal: *Hamlet and the Baker's Son,* London, 2001, S. 339.

Bárbara Santos beschreibt eindrucksvoll den Unterschied zwischen der Workshop-Praxis und der gelebten Praxis des TdUs. Eine organische Gruppe, die das TdU nutzt, um Kanäle des Dialogs mit der Gesellschaft über für sie brennende Fragen zu öffnen, verwendet das „Theater als Kampfkunst, als Instrument der Auseinandersetzung und der Suche nach Veränderungsmöglichkeiten für ein Problem. Die Teilnehmer*innen eines Workshops sehen im Theater der Unterdrückten ein Instrument zur Analyse unterschiedlicher Probleme und zur Anregung von Diskussionen im Allgemeinen [...]".[102]

Vor allem im deutschsprachigen Raum fand Boal'sches Theater lange Zeit hauptsächlich durch zahlreiche Workshops Verbreitung und weniger durch die aktive Verwendung. Erst in den letzten Jahren kam es vermehrt zu inhaltsorientierter Arbeit im Ausgleich zur methodenorientierten Workshop-Kultur.

Das TdU ist ein System, bestehend aus Spielen, Übungen und speziellen Techniken mit dem Ziel, Unterdrückten das Theater zugänglich zu machen. Dieses Theater wird *von den* Unterdrückten *über sie* und *für sie* gemacht. Das TdU hilft unterdrückten Menschen, gegen ihre Unterdrückungen zu kämpfen und die Gesellschaft zu verändern, die diese Unterdrückungen erzeugt. Der Begriff „Unterdrückte" war für Boal zentral. Er umfasst all jene, die am Dialog gehindert werden, denen das Recht, sich, ihren Willen und ihre Bedürfnisse auszudrücken, vorenthalten wird. Boal ging es so wie Paulo Freire darum, die Möglichkeiten der Menschen zu erweitern, während sie von vielen anderen Seiten eingeschränkt werden. Unterdrückte sind diejenigen die auf die Rolle von gehorsamen, ergebenen und unterwürfigen Zuhörern eines Monologs reduziert werden. Das TdU bietet ihnen ein Arsenal – ein von Boal bewusst

---

102 Bárbara Santos: „Theater der Unterdrückten: mein Reisepass nach Europa." in: Helmut Wiegand (Hrsg.): *Theater im Dialog: heiter, aufmüpfig und demokratisch*, Stuttgart, 2004, S. 180, Übersetzung: Till Baumann.

verwendeter Terminus – zur Bekämpfung jeder Form von Unterdrückung, Rassismus, Sexismus und aller Arten von Diskriminierung und ruft dazu auf, konkrete soziale Veränderungen herbeizuführen.

3.5.1 Spiele und Übungen der Unterdrückten

Nach Ansicht Boals tendieren unsere Sinne, unsere Gefühle und unsere Körper durch die alltägliche Wiederholung dazu, mechanisch zu werden. Unsere Weltsicht und unser Handlungsrepertoire würden immer enger und eingeschränkter, unsere Kreativität lasse nach und wir akzeptierten die Welt so wie sie ist, anstatt sie zu verändern und zu gestalten. Diesem Prozess gelte es sich zu widersetzen. In *Games for Actors and Non-Actors* beschrieb Boal 249 Übungen (dienen der Auseinandersetzung mit sich selbst) und Spiele (dienen der Auseinandersetzung mit dem Anderen). Die meisten davon bezeichnet er als „gamesercises“[103], also als Mischformen zwischen Übungen und Spielen. Er hat sie in folgende Kategorien eingeteilt:

- „Feeling what we touch“ („Spüren, was wir berühren“): In dieser Kategorie geht es um das Aufheben eingefahrener Bewegungsmuster und um die Bewusstwerdung unseres Körpers in Bezug auf uns selbst, die anderen Personen und den Raum. Sie umfasst allgemeine Bewegungsspiele, das Experimentieren mit unterschiedlichen Gangarten, Massagen, Übungen zur Gruppenbildung u. a.
- „Listening to what we hear“ („Auf das horchen, was wir hören“): Hier geht es um die bewusste Wahrnehmung von akustischen Signalen und anderen Formen von Schwingungen. Es wird mit Rhythmen, Melodien, Geräuschen, der Atmung, inneren Stimmen und Stimmungen etc. gearbeitet.

[103] Augusto Boal: *Games for Actors and Non-Actors,* London, New York, 2002, S. 48.

- „Dynamising several senses" („Verschiedene Sinne in Bewegung bringen"): Im Alltag vernachlässigte Sinne sollen aktiviert und in Schwung gebracht werden. Hier sind z. B. Blindübungen und Übungen zur Raumwahrnehmung versammelt.
- „Seeing what we look at" („Auf das schauen, was wir sehen"): Die Welt soll nicht nur oberflächlich betrachtet werden. Es gilt vielmehr hinter die Kulissen zu blicken, Zusammenhänge zu erkennen und die Augen offenzuhalten. Dazu dienen Spiegelübungen, die Arbeit mit Standbildern, Marionettenübungen, Phantasiespiele, Spiele mit Gegenständen, Übungen zu Gestik und Mimik, Wahrnehmungsübungen und Spiele zu Macht- und Strukturfragen, sowie Übungen zu Stereotypen und Charakterstudien.
- „The memory of the senses" („Erinnerung der Sinne"): In dieser Kategorie führt Boal Übungen an, die helfen das Körpergedächtnis und das emotionale Gedächtnis zu aktivieren und vergangene sowie zukünftige Vorstellungswelten miteinander zu verknüpfen. Die Vorschläge beinhalten aktiv durchgeführte Phantasiereisen, Übungen zum Nachspüren von Erlebtem und Entwicklung von Vorstellungen und Visionen.

Alle Übungen enthalten bereits wesentliche Züge des Theaters und der inhaltlichen Auseinandersetzung mit dem gewählten Thema, weshalb sie bereits vollwertiger Teil der Arbeit und des künstlerischen Prozesses sind. Wenn die Spiele und Übungen zu bloßen Aufwärmübungen degradiert werden, wird die Chance verspielt, dadurch zu Erkenntnissen zu gelangen. Wird in der Anleitung durch Vorankündigung ein Sinn der Übung vorweggenommen, so wird das Potenzial der möglichen Erfahrungen blockiert, oder anders formuliert: Wer immer nach

dem Zweck der Dinge fragt, wird ihre Schönheit nie entdecken. Wenn ich also eine Vertrauensübung ankündige, werden nur diese Aspekte zu Tage treten. Alle Übungen und Spiele sind offen formulierte Fragen, deren Beantwortung nicht durch die Spielleitung erfolgt. Das Prinzip des Dialogs kommt von Anfang an zum Tragen.
Sowohl für die Übungen und Spiele als auch die anderen Methoden gilt:

> „[The] rules of the game must be clearly und simply stated at the very beginning. If something is not described as ‚forbidden' in this opening declaration of the rules, then no such interdiction exists."[104]

Das heißt, dass in manchen Fällen „Spielregeln", die von Mitgliedern der Gruppe aus anderen Kontexten mitgebracht werden, oder Fragen der Selbstzensur zur Sprache kommen müssen. Viele Menschen haben sich im Laufe der Zeit ein komplexes Regelwerk für ihr Verhalten zurechtgelegt, das kreative neue Wege verhindert oder nicht erkennen lässt. Genau darum geht es aber im TdU. Die Methoden ermöglichen es, ein möglichst großes Potenzial auszuschöpfen, wenn die Regel gilt: „Alles, was nicht ausdrücklich verboten ist, ist erlaubt!"
Boal hat diese Spiele und Übungen aus vielen Richtungen zusammengetragen. Es sind Kinderspiele darunter sowie klassische Schauspielübungen, Spiele aus unterschiedlichen Kulturkreisen, deren Abwandlungen und von ihm oder einer Gruppe selbst erfundene Spiele. Es spricht also auch nichts dagegen, gänzlich andere Spiele oder Übungen aus weiteren Richtungen (Tanz, Feldenkrais, Yoga, Kampfsportarten u. a.) in die Arbeit

---

[104] „Die Spielregeln müssen klar und einfach gleich zu Beginn dargelegt werden. Wenn irgendetwas nicht in der einleitenden Erklärung der Regeln ‚verboten' wird, dann gibt es kein derartiges Verbot." Augusto Boal: *Games for Actors and Non-Actors*, London, New York, 2002, S. 187.

zu integrieren. Keine der Übungen darf als Leistungssport, Wettbewerb oder Schönheitskonkurrenz missverstanden und niemand darf zu etwas gezwungen werden.

3.5.2 Zeitungstheater

Das System der elf Techniken, die unter dem Begriff „Zeitungstheater" zusammengefasst sind, war der erste Schritt in der Entwicklung des Theaters der Unterdrückten. Ziel war es, dem Volk die Produktionsmittel für die Kunst in die Hand zu geben, anstatt eines fertigen Kunstprodukts. Die Techniken wurden entwickelt, um Menschen zu helfen, unter Verwendung von Zeitungsmeldungen, schnell aktuelle und politisch brisante Szenen zu entwickeln. Gleichzeitig entkam man dadurch der Zensur, weil die Stücke mit bereits publizierten Texten arbeiteten.

> „Hier ist der Gegensatz zwischen Künstler und Zuschauer aufgehoben. Hier wird das Volk zum ersten mal aktiv und kreativ."[105]

Boal schlug elf Möglichkeiten vor, Zeitungen „gegen den Strich" zu lesen und damit die scheinbare Objektivität des Journalismus zu entlarven. Dabei geht es nicht nur um die Inhalte der Texte, sondern auch um deren Platzierung innerhalb der Zeitung, das Layout, begleitendes Bildmaterial und die gesamte Blattlinie. In weiterer Folge können diese Techniken auf anderes schriftliches Material wie Protokolle, Bibeltexte, Verfassungs- und Gesetzestexte, Internetpublikationen, Werbetexte und alle anderen Medien angewandt werden.
Die elf Techniken des Zeitungstheaters:[106]

---

[105] Augusto Boal: *Theater der Unterdrückten. Übungen für Schauspieler und Nicht-Schauspieler*, Frankfurt am Main, 1989, S. 29.
[106] Ebd. S. 30 ff. (hier in einer gekürzten Zusammenfassung).

1. Einfaches Lesen: Der Text wird kommentarlos und aus dem Zusammenhang gerissen vorgelesen.
2. Vervollständigendes Lesen: Es werden andere Quellen herangezogen und Hintergrundinformationen genützt, um unvollständige oder bewusst tendenziöse Meldungen zu ergänzen.
3. Gekoppeltes Lesen: Sich widersprechende, konträre oder gegenseitig aufhebende Meldungen werden unmittelbar hintereinander mehrmals gelesen.
4. Rhythmisches Lesen: Die durch verschiedene Rhythmen oder Musikstile (z. B. Walzer, Marsch, Volksmusik) hervorgerufenen Assoziationen geben dem gelesenen Text eine andere Bedeutung.
5. Untermaltes Lesen: Eingängige, einschlägige und bekannte Phrasen aus der Politik (Wahlkampf, Regierungsaussendungen etc.) werden als Untermalung für trockene Zeitungsmeldungen genutzt.
6. Pantomimisches Lesen: Die Meldung wird vorgelesen und durch eine konträre pantomimische Darstellung verdeutlicht oder zur Gänze pantomimisch dargestellt.
7. Improvisierendes Lesen: Die Meldung wird in Szene gesetzt, wobei alle theatralen Stilmittel und Techniken zu Hilfe genommen werden können.
8. Historisches Lesen: Heutige Ereignisse und Themen werden in der Berichterstattung mit Ähnlichem aus der Vergangenheit verglichen, z. B. die Berichterstattung über Flüchtlinge nach dem Zweiten Weltkrieg, nach dem Ungarn-Aufstand 1956, dem Prager Frühling 1968, der Öffnung des Eisernen Vorhangs 1989 und jetzt.
9. Konkretisierendes Lesen: Abgedroschene Floskeln und inhaltslose Phrasen verdecken den eigentlichen Gehalt einer Nachricht, der szenisch herausgearbeitet wird.

Es wird die Frage nach der konkreten Aussage der Meldung gestellt.
10. Pointiertes Lesen: Ein Text oder eine Meldung wird in ein anderes Genre transkribiert. Ein Kriegsbericht wird z. B. im Stil einer Sportmeldung gelesen, im Stil der Regenbogenpresse oder einer Gebrauchsanweisung.
11. Kontext-Lesen: Einzelschicksale und Details, wie sie in den Medien oft hochstilisiert werden, werden in einen größeren Zusammenhang gebracht.

Alle Techniken können und sollen miteinander kombiniert werden. Das Zeitungstheater bietet die offensivste Möglichkeit, der Definitionsmacht, wie sie von Medien ausgeübt wird, etwas entgegenzusetzen. Es eignet sich in unserer Medienlandschaft mit ihrer Informationsflut und Reizüberflutung ganz besonders dazu, Inhalte zu relativieren und wieder in einen angemessenen Kontext zu bringen.[107]
Boal schilderte in einem Beispiel wie effektiv es sein kann, eine Zeitungsmeldung der aktuellen Lage gegenüberzustellen. Die Schauspieler verlasen (ca. 1973) in einem Fußballstadion in Montevideo/Uruguay schlicht die veröffentlichte Menüabfolge eines Banketts zu Ehren des US-amerikanischen Botschafters. Das erzeugte ohne großen Aufwand eine starke Wirkung, denn im Land war der Verzehr von Rindfleisch auf Grund einer angeblichen Lebensmittelknappheit für vier Monate verboten worden.[108]
Als Vorbereitung genügt es, einige Zeitungen querzulesen und bemerkenswerte Artikel und Beiträge auszuschneiden. Die als markant empfundenen Textpassagen, Phrasen oder einfach nur Schlagwörter werden dann auf verschiedene Arten, vorerst

[107] Vgl. dazu auch die Erfahrungen von Monika Schmidt: „Vom Zuspitzen der Widersprüche – das Zeitungstheater" in: Bernd Ruping (Hrsg.): *Gebraucht das Theater*, Lingen, Remscheid, 1991, S. 94 ff.
[108] Augusto Boal: *Theater der Unterdrückten, Übungen für Schauspieler und Nicht-Schauspieler*, Frankfurt am Main, 1989, S. 30.

nur für sich und am besten im Gehen, gelesen: als Nachrichtenmeldung, als Predigt, in einem bestimmten Rhythmus, als Werbebotschaft, brüllend, geheimnisvoll. Der Phantasie sind dabei keine Grenzen gesetzt. Im weiteren Verlauf treten die Spieler und Spielerinnen über ihre Texte in Kontakt zueinander und führen Dialoge. Beim Vergleichen der Texte mit anderen fallen bald Ähnlichkeiten oder Widersprüche auf, die sich thematisch zusammenfassen lassen. Die vorgeschlagenen Techniken des Zeitungstheaters dienen dann dazu, Szenen, Collagen oder ganze Stücke vor dem Hintergrund der Texte zu entwerfen.

3.5.3 Unsichtbares Theater

Bürgerin und Bürger zu sein bedeutet nicht nur in einer Gesellschaft zu leben, sondern auch diese zu gestalten.[109] Unsichtbares Theater ist ein direkter Eingriff in die Gesellschaft, in Bezug auf ein präzises Thema von allgemeinem Interesse. Erklärtes Ziel des Unsichtbaren Theaters ist es, eine Diskussion in Gang zu setzen und sich Klarheit über eine Problematik zu verschaffen. Unsichtbares Theater beginnt mit einem Stück, das einen festgelegten Ablauf und einen fixierten Text aufweist. Es ist keine Improvisation! Das Stück funktioniert grundsätzlich auch ohne die Mitwirkung von spect-actors (Zu-Schauspielern) und würde auch im konventionellen Theater bestehen. Gespielt wird es allerdings im öffentlichen Raum. Niemand im zufällig anwesenden Publikum wird davon in Kenntnis gesetzt, dass es sich um ein einstudiertes Stück handelt. Erst danach wird es zu einem Stück, das von allen Anwesenden wissentlich oder unwissentlich gestaltet wird. Unsichtbares Theater macht Unterdrückung sichtbar, es zeigt Formen der Unterdrückung auf, ohne sie zu reproduzieren. Unsichtba-

[109] In diesem Sinne beendete Boal seine Botschaft zum Welttheatertag am 27. März 2009. Siehe Kapitel 6.1.

res Theater ist die Durchdringung der Realität mit Vorstellungen und der Vorstellungen mit Realität.[110] Das hilft zu erkennen, wie viel Vorstellung in der Realität und wie viel Realität in unserer Vorstellung existiert. „Das Unsichtbare Theater ist Kunst, da es eine bestimmte Erkenntnis der Wirklichkeit sinnlich ausdrückt."[111]

Boals Geschichte IV

Nach seiner Ausreise, bei der ihm nahegelegt wurde nicht zurückzukehren, ging Boal ins Exil nach Buenos Aires. Über die fünf Jahre (1971-1976) in Argentinien schreibt er: „Buenos Aires did not need me! […] In my country I made a difference, however minimal. In Buenos Aires, no difference."[112] Allerdings entstand während dieser Zeit nicht nur die Methode des Unsichtbaren Theaters. Boal inszenierte in New York *Latin America: Fair of Opinion* (*Lateinamerika: Meinungsmarkt*) über die kriminellen Beziehungen zwischen dem CIA und den Diktatoren Lateinamerikas; und mit Studentinnen und Studenten, ebenfalls in New York, realisierte er sein im Gefängnis geschriebenes Stück *Torquemada* über seine Foltererfahrungen. Um in Buenos Aires zu überleben, unterrichtete Boal. Mit einer seiner Gruppen wollte er öffentlich Szenen aufführen, um über ein Gesetz aufzuklären; ein Gesetz, das es Hungrigen erlaubte, sich gegen Vorlage eines Personalausweises in Restaurants satt zu essen. Freunde warnten Boal allerdings davor, sich öffentlich bemerkbar zu machen.[113] Einer der Schauspieler

[110] Augusto Boal: *The Aesthetics of the Oppressed*, London, New York, 2006, S. 6.

[111] Augusto Boal: *Theater der Unterdrückten. Übungen für Schauspieler und Nicht-Schauspieler*, Frankfurt am Main, 1989, S. 36.

[112] Augusto Boal: *Hamlet and the Baker's Son*, London, New York, 2001, S. 299.

[113] Boal schreibt, dass sich die „Operation Condor", ein Bündnis lateinamerikanischer Geheimdienste mit Unterstützung der CIA, um Oppositionelle und Linke zu verhaften und auszuliefern, bereits in Vorbereitung befand. Augusto Boal: *Hamlet and the Baker's Son*, London, New

machte daraufhin den Vorschlag, „unsichtbares“ Theater zu machen. Die „Bühne“ wäre eingerichtet, „Publikum“ wäre ausreichend vorhanden, und so beschloss die Gruppe das Stück zu proben und aufzuführen. Die Rolle des Kellners und des Geschäftsführers des Restaurants wurde bei der „Premiere“ von den Originalen übernommen. Diese hielten sich dem Bericht zufolge fast Wort für Wort an das vorgegebene Skript. Es entstanden lebhafte Diskussionen über die Fragen, warum es in einem reichen Land arme Menschen gibt und warum bei genügend Lebensmitteln trotzdem Hunger herrscht. Ein Rechtsanwalt, Mitglied der Gruppe, erklärte allen im Restaurant das Gesetz und das Stück endete damit, dass einer der Gruppe die Rechnung beglich. Schließlich war es nicht das Ziel, gratis zu essen.[114]

Bis 1976 blieb Boal in Argentinien und arbeitete, von der Öffentlichkeit kaum wahrgenommen, gemeinsam mit Musikern und anderen im Exil befindlichen Künstlern. Allerdings reiste er viel und 1973, einem für ihn entscheidenden Jahr, begann er in Peru das Bildertheater zu entwickeln. Er erlebte die Geburtsstunde des Forumtheaters und er schrieb während dieser Zeit die beiden Bücher *Técnicas Latino-Americanas De Teatro Popular* (*Lateinamerikanische Techniken des Volkstheaters*) und *Categorias Do Teatro Popular* (*Kategorien des Volkstheaters*).

Das Unsichtbare Theater mag eine der spektakulärsten und bekanntesten Techniken Augusto Boals sein, mit Sicherheit ist sie aber auch eine der problematischsten.

> „Das Unsichtbare Theater ist wie keine andere Methode dem Missbrauch ausgesetzt, es ist also genauer zu prüfen, ob die vielen unter dem Namen ‚Unsichtbares Theater‘ laufenden

York, 2001, S. 304.

[114] Augusto Boal: *Hamlet and the Baker’s Son.*, London, New York, 2001, S. 304.

Aktionen tatsächlich dem Theater der Unterdrückten zuzuordnen sind."[115]

Häufig mit Straßentheater in Verbindung gebracht, bindet diese Methode Menschen in Szenen mit ein, ohne dass diese wissen, dass sie in einer Inszenierung mitwirken. Dieses „Geheimnis" darf auch nicht gelüftet werden, außer es kommt zu einem Konflikt mit der Exekutive, der tunlichst vermieden werden soll. Das Unsichtbare Theater soll Gesetze, durchaus auch „ungeschriebene Gesetze", zwar nicht brechen aber in Frage stellen. Als Schauplatz dient der Ort, an dem die behandelte Unterdrückung stattfinden könnte oder bereits stattgefunden hat. Das „Bühnenbild" ist also echt.
Für die Spieler*innen braucht es einen geschriebenen Text und eine fest umrissene Konfliktsituation. In der Erarbeitung und Probe der Szene werden erwartete Reaktionen von Passanten durchgespielt, auf eventuelle Stichworte wird präzise geprobt, so dass eine Vielzahl an Texten abrufbar ist. Bei der Aufführung teilt sich die Gruppe in drei Kreise: Während der „innere Kreis" (Zentrum) die Szene in Gang bringt, übernehmen die „äußeren Kreise" eine Beschützer-, Helfer- und Beobachterfunktion, um die Spielenden im „inneren Kreis" vor eventuellen Übergriffen zu bewahren und ihnen einen sicheren „Abgang" zu ermöglichen. Der äußerste Kreis gibt im Anschluss an die Szene wertvolles Feedback über die Reaktionen und Interventionen der spect-actors. Zusätzlich können sie auch Personen in ein Gespräch zum gezeigten Thema verwickeln.

[115] Simone Neuroth: *Augusto Boals „Theater der Unterdrückten" in der pädagogischen Praxis*, Weinheim, 1994, S. 121.

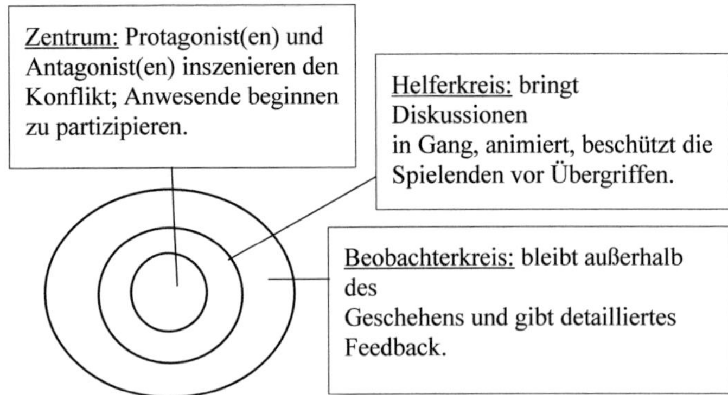

Das Modell der drei Kreise im Unsichtbaren Theater stammt nicht von Boal selbst, sondern von Henry Thorau.[116]

Boal berichtet von gelungenem Unsichtbarem Theater über Sexismus in der Pariser Metró, über das Verhältnis von Lebensmittelpreisen zu Löhnen in Argentinien, über Rassismus sowie Kinder(un)freundlichkeit in Schweden. Die Stücke waren jeweils unterteilt in mehrere Szenen und abgestimmt auf die Umstände der jeweiligen Schauplätze.

In der Pariser Metró ging es nach einem genau festgelegten Ablauf zuerst um sexuelle Belästigung durch einen Mann an einer Frau, dann um die Solidarisierung zwischen Frauen, dann um die Belästigung eines Mannes durch Frauen. Zur Vorbereitung gehörten z. B. die Fragen: Wie lange dauert die Fahrt von Station zu Station? Was erwartet uns möglicherweise an Reaktionen, und wie gehen wir als Spielerinnen und Spieler damit um? Für die Agierenden im Zentrum des Geschehens waren „Ausstiegsstellen" eingeplant, der zweite Kreis, der sich vorerst nicht beteiligte, regte dann eine Diskussion an oder griff Kommentare der Passagiere auf. Das Stück zielte

[116] Vgl. Henry Thorau: „Lokaltermin: ‚Unsichtbares Theater'. Anmerkungen zu einer umstrittenen Methode Augusto Boals" in: Bernd Ruping (Hrsg.): *Gebraucht das Theater*, 1991, S. 270-274.

darauf ab, deutlich zu machen, dass weder Männer noch Frauen das Recht haben, jemanden sexuell zu belästigen. Das Stück zeigte aber, dass in der Wahrnehmung der U-Bahnpassagiere sehr wohl Unterschiede gemacht wurden und Übergriffe von Männern als von Frauen provoziert bezeichnet wurden. Das sorgte für hitzige Diskussionen. Um einen spürbaren Effekt in der Gesellschaft zu erzielen, das Bewusstsein der Menschen zu verändern und um eine politische Dimension zu erreichen, hätte das Stück nach Boals Meinung von 50 Gruppen 500 Mal gespielt werden müssen.[117]

3.5.4 Bildertheater[118]

> „Words are emptinesses that fill the emptiness (vacuum) that exists between one human being and another. Words are lines that we carve in the sand, sounds that we sculpt in the air. We know the meaning of the word we pronounce, because we fill it with our desires, ideas and feelings, but we don't know how that word is going to be heard by each listener."[119]

---

[117] Augusto Boal: *Games for Actors and Non-Actors*, London, New York, 2002, S. 280.

[118] Im Englischen „Image Theatre". Das Wort „Image" transportiert im Englischen für diese Techniken wesentliche Bedeutungen, die in der deutschen Sprache verloren gehen. Es meint nicht nur das Abbild oder die Darstellung von etwas, sondern auch das Bild, das wir uns von etwas oder jemandem machen. Gleichzeitig bedeutet es „sich von etwas eine Vorstellung machen". „Image Theatre" ist ein sehr dynamischer Begriff, dem mit dem Begriff „Bildertheater" nur bedingt Rechnung getragen wird. Manchmal liest man von „Statuentheater", einer Bezeichnung die Boal in den Anfängen selbst verwendete, dann aber aufgab, weil sie sich in ihrer Starrheit als kontraproduktiv erwies.

[119] „Worte sind Leergebinde, die die Leere (das Vakuum) zwischen den Menschen füllen. Worte sind Linien, die wir im Sand ziehen, Geräusche, die wir in der Luft bilden. Wir kennen die Bedeutung eines Wortes, das wir sprechen, weil wir es mit unseren Wünschen, Ideen und Gefühlen füllen, aber wie das Wort beim Zuhörer ankommt, wissen wir nicht." Augusto Boal, Rio de Janeiro, 2004 über das „Image Theatre". Nachzulesen waren diese Gedanken auf www.theatreoftheoppressed.org (30. Juni 2009).

Bildertheater bietet eine Reihe von Möglichkeiten über Bilder und Vorstellungen, Räume und Zwischenräume, Körperhaltungen und zusätzliche Ausdrucksformen wie Geräusche zu kommunizieren. Um den Theateraspekt im Bildertheater zu unterstreichen, das es von der Aufstellungsarbeit oder dem „Statuenstellen" im „Drama for Education" unterscheidet, bediene ich mich der Doppeldeutigkeit des Begriffes der „Vorstellung" in der deutschen Sprache:[120] Es ist notwendig eine Vorstellung zu haben, bevor man eine Vorstellung geben kann. Im Bildertheater bietet sich die Möglichkeit eigene Vorstellungen zu geben, sich selbst und seine Ideen, seine Ansichten und Visionen vorzustellen, sowie Vorstellungen anderer zu sehen und von anderen zu bekommen. Anschließend werden gemeinsame Vorstellungen entwickelt, um gemeinsam eine Vorstellung zu geben. Das Bildertheater entwickelte sich in vielsprachigen Gruppen in Lateinamerika während Boals Exilzeit Anfang der 1970er-Jahre. Weder für Indigene noch für Boal war Spanisch die Muttersprache. In diesen Gruppen erkannte Boal zudem einen wesentlichen Aspekt moderner Kommunikationstheorien: Die Bedeutung eines gesprochenen Wortes kann zwischen Sender und Empfänger variieren. Laut Boal ist die Bilderwelt, unsere Vorstellungswelt, in dieser Hinsicht eigenständig und spricht für sich selbst. Es geht nicht darum, die Bilder oder eine Vorstellung zu erklären oder in Worte zu übersetzen. Die Bedeutung des Bildes ist dem Bild immanent. Das unterscheidet die „Sprache" Bildertheater ganz wesentlich von einer Symbolsprache, bei der etwa ein erhobener Daumen „Ok" signalisiert. Es bedeutet, dass im Bildertheater das Bild als Projektionsfläche für unterschiedliche Assoziationen, Emotionen und Erinnerungen dient. Diese liegen in

[120] Nachdem ich selbst nach passenderen Begriffen gesucht und mich für „Vorstellung" entschieden hatte, fand ich diese Anregung auch bei Bernd Ruping, in ders. (Hrsg.): *Gebraucht das Theater*, Lingen, Remscheid, 1991 S. 351.

den Augen der Betrachter. Das dargestellte Bild stellt eine Frage an die Zuschauer*innen und eröffnet einen Dialog. Im Unterschied zu einigen Übungen, die mit Bildern arbeiten, erfolgt im Bildertheater zuerst die Erarbeitung eines Ausgangsbildes. Dieses kann statisch oder beweglich sein. Diese Vorlage ist reproduzierbar und erlaubt so das konkrete Arbeiten an Vorstellungen und Visionen in ästhetischer und inhaltlicher Hinsicht. Boal bezeichnete diese Vorlagen als „Modelle“[121]. Für das Bildertheater schlug er unterschiedliche Wege vor, ein Modell zu entwickeln. Statische Modelle werden durch das Formen oder Spiegeln stets ohne zu reden erstellt, bewegliche Modelle hingegen durch Improvisation. Auch wenn das Modell, die erste Vorstellung, von einer Person ausgeht, soll darin immer eine allgemeine Vorstellung der Gruppe und nicht ein Einzelfall dargestellt werden. Wenn es keine Resonanz in der Gruppe hervorruft, muss aktiv nach gemeinsam gültigen Aussagen darin gesucht werden. Es ist eine bewusste Entscheidung, vom Singulären zum Grundsätzlichen zu gehen und nicht das Individuelle noch näher zu beleuchten. Ich beschreibe zuerst die Modelle und anschließend, wie mit ihnen gearbeitet wird.
Bei „Image of the word“ (Vorstellung des Begriffs) wird ein Schlagwort oder ein Thema (Familie, Staat, Religion, Gewalt usw.) körperlich durch eine oder mehrere Personen, eventuell mit Hilfe von Gegenständen dargestellt. „Image of transition“ (Vorstellung des Übergangs) arbeitet mit einem Modell, das ein reelles Bild der Unterdrückung und den Übergang zu einem idealen Bild zeigt. Wie stellt sich eine Situation dar und wie sollte sie ausschauen? Wurde bei den beiden vorangegangenen von einem einzelnen Bild ausgegangen, sucht die Tech-

[121] Boal experimentierte auch mit dem Begriff „Anti-Modell“, weil „Modell“ implizieren könnte, dass es sich bei der dargestellten Szene um ein nachahmenswertes Vorbild handle. Allerdings sagt „Modell“ nur, dass es sich um eine Vorlage handelt, auf deren Basis weitergearbeitet wird. Vgl. Augusto Boal: *Games for Actors and Non-Actors*, London, New York, 2002, S. 260.

nik „Muliple image of oppression“ (Vielfältige Vorstellung der Unterdrückung) nach Variationen. Einzelne Personen oder die Gruppe schaffen möglichst unterschiedliche Bilder zu einem Thema, die Unterdrückung aus verschieden Perspektiven bzw. zu unterschiedlichen Zeiten zeigen. In gleicher Weise funktioniert „Multiple image of happiness“ (Vielfältige Vorstellung des Glücks). Wenn die Gruppe intern mit Schwierigkeiten zu kämpfen hat, eignet sich „Image of the group“ (Vorstellung der Gruppe), um Auseinandersetzungen innerhalb der Gruppe Raum zu geben. In weiterer Folge werden die Techniken komplexer und die Erstellung von Ausgangsmodellen aufwendiger. Zunehmend arbeiten sie mit bewegten Bildern, noch bevor das interaktive Arbeiten mit den Modellen beginnt. „Ritual gesture“ (Rituelle Geste) ist eine Technik, die auf der Annahme beruht, dass in allen sozialen Gruppen Rituale existieren, die nur auf Basis der Zugehörigkeit zu dieser Gruppe verstanden werden. Diese Rituale sollen aufgedeckt und analysiert werden. Laut Boal wird ein soziales Verhalten, wie etwa eine bestimmte Form der Begrüßung, der Gastfreundschaft oder des Essverhaltens zu einem Ritual, wenn darin die Aspekte der Erniedrigung, des Zwanges oder der Unterdrückung überhandnehmen und so zu einer Einschränkung in unserem Verhalten führen. „How many things do we do, or not do, simply because we haven’t the courage to break with an established ritual?“[122] Für das Modell beginnt eine Person mit einer rituellen Geste und die anderen ergänzen diese Geste. Die Frage lautet, welche anderen rituellen Gesten gibt es darauf als Antwort. Dabei werden Hierarchien und andere soziale Muster sichtbar. Die Gesten bleiben dabei vorerst eine Momentaufnahme. In der ausgebauten Form dieser Technik konzentriert sich die Vorstellung nicht ausschließlich auf eine Geste, sondern prä-

[122] „Was machen wir nicht alles, oder machen es nicht, nur weil wir nicht den Mut haben ein etabliertes Ritual zu brechen?“ Augusto Boal: *Games for Actors and Non-Actors*, London, New York, 2002, S. 196.

sentiert das ganze Ritual innerhalb eines sozialen Kontextes, wie zum Beispiel das Verhalten von Frauen und Männern im Haushalt oder das Verhältnis von Arbeitgebern zu Arbeitnehmern. Bei „Rituals and Masks“ (Rituale und Masken) zeigt das Modell Verhaltensweisen eines Protagonisten in ausgewählten Situationen, in denen er immer dieselben Muster an den Tag legt. Er trägt im übertragenen Sinn immer dieselben Masken. Auch bei dieser Technik geht es darum, Rückschlüsse zu ziehen und dadurch gesellschaftliche Strukturen hinter den Verhaltensmustern zu entdecken.
Mit einem anderen Aspekt unseres Lebens, nämlich jenem der Zeit, spielt und arbeitet „The image of the hour“ (Vorstellung der Stunde). Dabei agieren die Spielerinnen und Spieler entsprechend einer vorgegebenen Zeit oder einer bestimmten Situation. Es ist aufschlussreich zu sehen, wie unterschiedlich sich Menschen innerhalb einer Gruppe um 6:00 Uhr morgens verhalten, oder an einem Samstagabend, an ihrem Geburtstag, am 24. Dezember oder am Nationalfeiertag. Dabei lassen sich je nach Gruppe ebenso gezielt Momente abfragen. Wie sah bei euch der 11. September 2001 aus? Wie sieht es aus, wenn ihr eurer Lieblingsbeschäftigung nachgeht? Was macht ihr, wenn ihr das macht, was ihr am meisten hasst? Wie sieht euer Leben in zehn Jahren aus?
„The kinetic image“ (Die kinetische Vorstellung) legt den Schwerpunkt auf die Bewegungsabläufe des Körpers innerhalb einer Situation und zeigt diese im Schnelldurchlauf. Im Unterschied zu den bisher beschriebenen Techniken, wo der Körper in Bewegung dargestellt wird, geht es hier um die Bewegungen des Körpers. Boal verglich dies mit dem Unterschied zwischen einem Bild, das den Baum im Wind zeigt, und jenem, das den Wind im Baum zeigt. Zu den Modellen innerhalb des Bildertheaters im engeren Sinn zähle ich hier schließlich „The image of the image“ (Die Vorstellung der Vorstellung), bei der die Gruppe in einer Vorstellung die Essenz einer Vorstellung eines

Gruppenmitglieds präsentiert. Alle Modelle lassen sich, nachdem sie etabliert wurden, mit Hilfe unterschiedlicher Techniken bearbeiten. Welche Technik auf welches Modell angewandt wird, hängt von der jeweiligen Situation, der Gruppe, deren Zielen und der Entscheidung des Leiters bzw. der Leiterin ab. Jede Technik lässt sich auf jedes Modell anwenden.[123] Boal bezeichnet die Arbeit mit den Vorstellungen im Bildertheater als Dynamisierung. Die Dynamisierung dient der Untersuchung der Inhalte mit formalen Mitteln. Die Techniken entsprangen einer Neugierde und verstehen sich demnach wiederum als Fragen an das Modell. Welche Erkenntnisse lassen sich gewinnen, wenn der Vorstellung Elemente, in Form von Gegenständen oder Körperhaltungen, hinzugefügt oder entzogen werden? Mit welchen Positionen innerhalb einer Vorstellung identifizieren sich die anderen Gruppenmitglieder? Unterschiedliche Körperhaltungen können sich zu Gruppen mit gemeinsamen Merkmalen formieren. Einzelne Haltungen können sich auf die Suche nach ihrem jeweiligen Gegenüber möglichst kontrastreich oder ähnlich machen oder sich selbst in ihr Gegenteil verkehren. So kann der Weg zum Beispiel von einer offenen zu einer geschlossenen Körperhaltung, von einem Unterdrückten zu einem Unterdrücker führen. Bei einer weiteren Form der Dynamisierung entwickeln die Spielerinnen und Spieler aus ihrer Haltung heraus eine rhythmische Bewegung, deren Art und Geschwindigkeit aufschlussreiche Zusatzinformationen über die dargestellten Inhalte liefert. Aus der Haltung oder der rhythmischen Bewegung heraus können Geräusche entstehen, es kann ein Wort, ein Gedanke oder ein Satz formuliert werden. Wichtig dabei ist, dass aus der Haltung der Figur heraus artikuliert wird und nicht der oder die Spielende darüber reflektiert. Dazu ist es nicht notwendig zu wissen, wer man ist oder wen man darstellt. Es geht um die in-

[123] Augusto Boal: *Games for Actors and Non-Actors*, London, New York, 2002, S. 176.

nere und äußere Haltung und darum, was diese zuerst bei einem selbst und in der Folge bei der Gruppe auslöst. Aus der Bewegung, den Geräuschen oder Sätzen kann nach einigen Wiederholungen eine kurze Aktion folgen, die zuvor schon im Bild verborgen lag. So wie, wenn man bei einem Ball, der erst immer zwischen zwei Wänden hin und her springt, eine Wand entfernt und schaut, wohin sich der Ball bewegt. Die Spielerinnen und Spieler bewegen und artikulieren sich dabei immer eigenverantwortlich ihren Impulsen folgend, denn weder die Leitung noch die Person, die die Ursprungsvorstellung gegeben hat, haben die Definitionsgewalt über richtig und falsch oder führen Regie. Haltungen können von den Darstellenden selbst oder von einer anderen Person verändert werden, je nachdem wie die Fragestellung lautet. So könnte eine Frage beispielsweise lauten: Wie würde diese Vorstellung mit einem Mehr an Respekt aussehen? Die/Der Leiter*in kann einzelne Schritte der Veränderung durch ein Signal, z. B. dreimal Klatschen für drei Schritte, initiieren. Wohin entwickelt sich die Vorstellung, wenn alle Figuren darin ihren Wünschen folgen? Die Frage nach den Wünschen einer Figur ist ein wesentlicher Schritt auf dem Weg im Kampf gegen Unterdrückung. Wenn die dargestellte Situation unbefriedigend verläuft, was wünsche ich mir stattdessen? Die Unterdrücker ihrerseits sind ebenso von Wünschen geleitet. Die Frage kann lauten: Was wünschst du dir? Oder: Was willst du?[124] Oder sie kann lauten: Was willst du vom anderen?

Dabei handeln die Darstellenden immer im Bewusstsein darüber, dass sie Bühnenfiguren sind und in einem Stück mitwirken. Sie spielen die Rollen, die sie selbst eingenommen haben und bleiben ihnen im Verlauf des Stückes treu. Die Handlungen können dabei in immer kleinere Sequenzen zerlegt wer-

[124] Die Antwort z. B. auf „Was willst Du?“ sollte positiv und ichbezogen sein. Also „Ich will in Ruhe arbeiten!“ im Gegensatz zu „Ich will nicht gestört werden!“ oder „Ich will, dass du mich in Ruhe lässt!“

den. Haltungen können abwechselnd von verschiedenen Personen präsentiert werden, neue Haltungen können eingenommen werden, um Perspektivenwechsel zu ermöglichen oder Standpunkte abzuklären. Dabei soll durch Rückkopplung und Vertiefung der Fragen darauf geachtet werden, dass Veränderungen in die gewünschte Richtung tatsächlich möglich sind, und dass sie nicht nur reines Wunschdenken darstellen. Vorschläge, die nach sorgfältiger Überprüfung durch alle Beteiligten als absolut unmöglich gelten müssen, bezeichnete Boal als „magic" (z. B. „Bill Gates schenkt mir sein ganzes Geld!"). Vielleicht wurde dadurch etwas sichtbar, aber die Arbeit geht in Richtung konkreter Möglichkeiten.

Eine weitere Art der Dynamisierung stellt der Vergleich zwischen unterschiedlichen Vorstellungen dar. In heterogenen Gruppen werden so Vermutungen sichtbar, wie sie ein Teil der Gruppe über den anderen Teil anstellt. Wie sehen die Frauen der Gruppe die Männer? Wie denken die Lehrer, dass die Eltern über die Lehrer denken?

Weiterhin lässt sich mit allen Vorstellungen wie mit einer DVD verfahren: Es gibt die Möglichkeit des schnellen und langsamen Vor- oder Rücklaufs. Man kann einzelne Szenen überspringen oder nur bestimmte Kapitel auswählen. Man kann Untertitel in Form von Kommentaren „einblenden", die Geschichte in einer fremden oder erfundenen Sprache ablaufen lassen oder den Ton ganz ausschalten. Bei allen Vorstellungen kann es innerhalb der Dynamisierung zu Missverständnissen kommen, in der Art, dass die Intention des Protagonisten unterschiedlich verstanden wird. In solchen „Missverständnissen" liegen möglicherweise Erkenntnisse in Bezug auf das Thema, weshalb sie keine Fehler darstellen, vielmehr als wertvoller Beitrag erachtet werden können. Alle Möglichkeiten, die zu zusätzlichen Erkenntnissen führen, stehen offen.

Eine besondere, bereits dynamische Technik des Bildertheaters ist „The merry-go-round of images" (Das Karussell der Vorstellungen), bei der vier Gruppen, bestehend aus jeweils mindestens einem Protagonisten und einem Antagonisten ein Bild einer Unterdrückungssituation vorstellen, ohne diese zu erklären. Zu jedem Bild gibt es einen Beobachter. Auf ein Zeichen hin beginnen die Spieler in allen vier Bildern zu agieren, möglichst in Zeitlupe und ohne Worte. Die Protagonisten versuchen sich aus der Unterdrückung zu befreien, die Antagonisten handeln jeweils entsprechend aus ihren Haltungen heraus. Die Beobachtenden verfolgen den Ablauf. Welche Strategien wählt der Protagonist? Wie entwickelt sich die Situation? Mit einem Freeze enden die Improvisationen. Anschließend wechseln die Protagonisten von der eigenen Situation in eine andere. Dabei gehen ihre jeweiligen Beobachter mit. Die anderen Personen des Bildes bleiben an ihrem Platz und weisen den neuen Protagonisten in die Situation ein, indem sie ihm ausschließlich die Ausgangshaltung demonstrieren. Erneut versuchen alle möglichst authentisch die Situation zu bewältigen. Dies wird so lange wiederholt, bis jeder Protagonist in jedem Bild improvisiert hat. Die erste Reflexion findet in den Kleingruppen statt. Die Beobachter teilen dem Protagonisten mit, wie er sich in den jeweiligen Situationen verhalten hat und die Personen in den Szenen teilen ihm mit, wie sich die anderen in seiner Situation verhalten haben. Der Protagonist sagt nichts dazu. Dann spielt er seine Szene nochmals und entscheidet sich, ob er sich gleich verhält, eine Strategie wählt, die er in einer anderen Situation ausprobiert hat oder eine von der er gehört hat, dass jemand sie in seiner Szene probiert hat. Er kann auch etwas ganz anderes versuchen. In einer zweiten Reflexion analysieren alle in einer großen Runde das Geschehene. Bei allen Methoden erfolgt die Diskussion über Beobachtungen und Erkenntnisse erst am Schluss. Während der Vorstellungen wird der ästhetische Raum gewahrt und alle antworten auf Fragen ausschließlich aus ihren Rollen heraus. Das kann bei manchen Vorstellungen auch die Rolle einer Zuschauerin

oder eines Zuschauers sein. Der Raum für Reflexion öffnet sich erst, wenn die gesamte Vorstellung zu Ende ist.
Alle Techniken eigenen sich auf dieselbe oder leicht adaptierte Art, um klassische Theaterstücke zu erarbeiten. In diesem Fall spricht Boal von einer „Hamlet-Variation" der Technik. Bildertheatertechniken eignen sich ebenso für die Probenarbeit an Forumtheaterstücken oder für Unsichtbares Theater. Umgekehrt können Probetechniken aus dem konventionellen Theater für eine Dynamisierung im Bildertheater genutzt werden. Aus den Techniken des Bildertheaters entwickelten sich im Laufe der Zeit Methoden wie „Polizisten im Kopf", „Parcours der Rituale" und andere, die später als introspektive Techniken unter dem „Regenbogen der Wünsche" zusammengefasst wurden und im dortigen Kapitel beschrieben werden.

3.5.5 Forumtheater

> „The pleasure of doing can't be replaced by the pleasure of watching!" (Augusto Boal)

Im Forumtheater werden ausgehend von einer Konfliktszene unterschiedliche Handlungsmöglichkeiten, die zu Lösungen führen könnten, improvisiert. An die Stelle der Diskussion über Probleme, Themen und Inhalte tritt die aktive Beteiligung. Forumtheater stellt eine offene Frage und sucht nach wahrhaftigen Antworten. Es ist die am weitesten verbreitete Methode des TdUs. Dementsprechend breit ist auch die Palette der Anwendungsbereiche und der Variantenreichtum in der Umsetzung. Ich beginne hier mit der Schilderung eines „klassischen" Forumtheaters und ergänze dann um „Häresien", jene formalen Abweichungen, die in Intention und hinsichtlich ihrer Philosophie dem TdU treu bleiben.

Erarbeitungsphase

Jedes Forumtheater braucht zunächst wieder ein Modell.[125] Dieses zeigt eine Form der Unterdrückung und ein Scheitern im Kampf gegen diese Unterdrückung. Im Publikum wird dadurch das Verlangen provoziert, in die Szene einzusteigen und einen Weg vorzuschlagen, um das angestrebte Ziel zu erreichen. Die Erarbeitungsphase muss Klarheit über die Art der Unterdrückung schaffen und die Wünsche und Absichten aller Figuren müssen genau und deutlich erkennbar werden. Der Konflikt entsteht durch die widersprüchlichen oder gegensätzlichen Wünsche der Beteiligten. Der Wunsch der Gruppe etwas an der Situation zum Positiven zu verändern, muss im Stück sichtbar enthalten sein. Boal berief sich in diesem Zusammenhang auf Hegel, der das Wesen des Theaters im Konflikt zwischen einem freien Willen und einem anderen freien Willen begründet sah. Ein wesentlicher Unterschied zu anderen Theaterformen besteht aber darin, dass Forumtheater die Konflikte im Theaterspiel und in einer Art ritualisiertem Kampf austrägt. Boal legte Regeln für diesen Kampf fest. Bestimmte Regeln gelten auch für Entwicklung der Dramaturgie einer Modellszene im Forumtheater:[126]

- Der Text muss die Natur der Charaktere klar und eindeutig beschreiben und die dahinterliegenden Ideologien für das Publikum enthüllen.
- Die scheiternden Versuche zur Bewältigung des Konflikts müssen zumindest einen politischen oder sozialen Missstand aufzeigen, der behutsam geprobt und genau herausgearbeitet sein muss, um ihn in der Forumphase analysieren zu können.

---

[125] Vgl. zum Begriff „Modell" die Ausführungen im Kapitel „Bildertheater".

[126] Augusto Boal: *Games for Actors and Non-Actors*, London, New York, 2002, S. 242 f. (übersetzt und gekürzt durch den Autor).

- Das Stück kann in jedem beliebigen Stil, ausgenommen sind Surrealismus und Irrationalismus, und Genre gezeigt werden, solange eine konkrete Situation dabei diskutiert wird.
- Das Schauspiel muss körperlich sein und Ausdrucksformen für die Ideologien, den sozialen Status, die Berufe und Funktionen der Figuren finden und auch deren Entwicklung zeigen. Ansonsten droht die Gefahr eines „Radioforums" bei dem nur geredet wird. Jede Figur muss sichtbar sein, keine Konflikte über Telefon oder „unsichtbare Dritte".
- Die Modellszene muss passende Wege zur Darstellung des Inhalts finden und braucht einen Punkt der Gravitation, auf den sie zusteuert und hinausläuft, einen Brennpunkt des Geschehens.
- Bühnenbild, Technik und Kostüme dürfen keine Hindernisse für die Beteiligung des Publikums darstellen.

Das Stück

Die Modellszene kann von den Betroffenen selbst, über den Weg des Bildertheaters, in Schreibwerkstätten oder über andere kreative Wege entwickelt werden. Es kann aber auch ein bestehendes Stück als Vorlage dienen. Auf Grund der verwandtschaftlichen Nähe lassen sich etwa Brechts Lehrstücke[127] gut als Forumtheater inszenieren. Aber auch Stücke von Henrik Ibsen, Sophokles' „Antigone" oder „Woyzeck" von Georg Büchner wurden als Forumtheater bearbeitet. Manche homogenen Gruppen haben bereits ein gemeinsames Anliegen, die fürs Forumtheater nur in die entsprechende Form gebracht werden

[127] „Das Lehrstück lehrt dadurch, dass es gespielt, nicht dadurch, dass es gesehen wird." Bertolt Brecht zit. nach Rainer Steinweg: *Lehrstück und episches Theater. Brechts Theorie und die theaterpädagogische Praxis*, Frankfurt, 1995, S. 17, Lehrstücke: *Der Jasager/Der Neinsager, Der böse Baal der Asoziale, Die Maßnahme, Die Ausnahme und die Regel*;

muss, andere müssen sich erst auf die Suche nach einem Thema begeben, das für alle von Bedeutung ist.

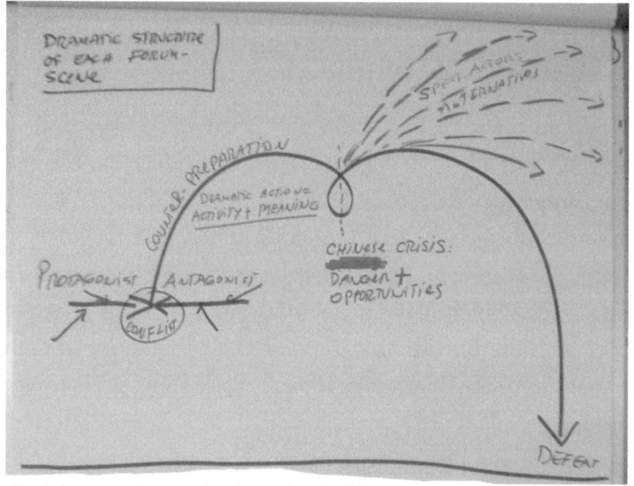

Gezeichnet von Augusto Boal, Innsbruck, Juli 2005. Foto: Josefina Echavarría

Die Grafik zeigt die dramaturgische Struktur einer Forumtheaterszene ausgehend von einem Konflikt zwischen Protagonist und Antagonist. Im TdU ist der Unterdrückte immer der Protagonist. Der Unterdrückte ist die Person, die die Frage an das Publikum stellt: „Was würdet ihr an meiner Stelle tun?" Die Dramatik, die sich sowohl durch ihre Darstellung als auch in ihrer Bedeutung zeigt, bereitet über die Zuspitzung der Gegensätze auf den Höhepunkt des Konflikts vor, der mit einer Niederlage des Protagonisten endet. Im Moment der „Chinesischen Krise"[128], können die ZuSchauspieler*innen der Handlung einen anderen Verlauf geben. Sie haben die Möglichkeit an Stelle des Protagonisten nach Wegen zu suchen, die zu einem anderen Ausgang führen. Die „Chinesische Krise" ist eine

[128] Dieses Sprachbild beruht darauf, dass das Wort „Krise" im Chinesischen durch zwei Schriftzeichen dargestellt wird, wobei eines aus dem Wort für „Gefahr" und eines aus dem Wort für „Chance" stammt.

Kreuzung, an der sich das Scheitern des Protagonisten unweigerlich abzeichnet. Diese Struktur kann in einem Forumtheaterstück öfter vorkommen, sodass mehrere Konflikte und „Chinesische Krisen" vorhanden sind. Ebenso kann es mehrere Protagonisten und Antagonisten geben. Das Stück endet in jedem Fall mit einer Niederlage.

Der Einfachheit halber – für die Arbeit mit Laien und um beim Wesentlichen zu bleiben – empfahl Boal die aristotelische Einheit der Zeit, des Ortes und der Handlung. Dies alles aber nur, solange nicht das Gegenteil erforderlich ist.[129]

Für die Modellszene besteht Boal darauf, nicht nur den Ablauf, sondern auch den Text zu fixieren. „The thing to be improvised is the **Forum**, not the **model** […]"[130] In seiner Autobiografie schrieb Boal, dass er bereits als Kind großen Wert darauf legte, dass die Schauspieler den Text respektierten und daran sollte sich Zeit seines Lebens nicht ändern.[131]

Probenphase

Bei den Proben gilt es Wege zu finden „which create the theatrical conditions to ensure that Forum Theatre is **theatre** first and foremost, and not solely **forum**."[132]

Rollenarbeit, Ästhetik, Spannungsbogen – alles muss auf gut gemachtes Theater abzielen. Nur bei gutem Theater ist auch ein gutes Forum möglich.

Für die Arbeit an einem Forumtheaterstück eignen sich etwa die Techniken des Bildertheaters, die im dortigen Kapitel er-

[129] Augusto Boal: *Legislative Theatre*, London, New York, 1998, S. 55

[130] „Der Teil, der improvisiert werden soll, ist *das Forum*, nicht die *Modellszene* […]" Augusto Boal: *The Aesthetics of the Oppressed*, London, New York, 2006, S. 125.

[131] Augusto Boal: *Hamlet and the Baker's Son*, London, New York, 2001, S. 75.

[132] „[…] die Theaterbedingungen erzeugen, um sicher zu stellen, dass Forumtheater in erster Linie und zuallererst *Theater* ist und nicht nur *Forum*." Augusto Boal: *Games for Actors and Non-Actors*, London, New York, 2002, S. 200.

wähnten „Hamlet-Variationen", und in weiterer Folge die von Boal vorgeschlagenen Probetechniken, die sich ebenso gut auf jede andere Form des Theaters anwenden lassen. In *Übungen für Schauspieler und Nicht-Schauspieler* beschrieb Boal über 50 Probetechniken. Vor dem Hintergrund, dass Boal das TdU als Probe für die Realität betrachtete, verwundert es nicht, dass seine Probenarbeit nicht ausschließlich auf der theatralen Ebene stattfindet. Die Proben sind bereits eine kulturelle politische Veranstaltung an sich. Jede Übung, jedes Spiel, jede Technik ist Kunst und Politik.[133] Zur Probenarbeit gehören auch Lektionen in Geschichte, Wirtschaft und das aktuelle Tagesgeschehen. Selbst die Frage, ob und wem das Stück gewidmet werden soll, ist politisch. Als Anhänger Stanislawskis legte Boal großes Augenmerk auf die Rollenarbeit. Den Spieler*innen muss es möglich sein, aus ihren Rollen heraus angemessen, schlüssig und konsequent zu agieren und zu reagieren. Dazu gehört etwa der Entwurf einer Rollenbiografie und die Aneignung eines spezifischen Handlungsrepertoires. Mögliche Vorschläge zur Lösung des Konflikts durch spect-actors sollen in die Probenarbeit miteinbezogen werden. Boal legte einen sehr hohen inhaltlichen und künstlerischen Maßstab an Forumtheaterproduktionen. Dieser erfordert eine ernsthafte Auseinandersetzung mit dem Thema und dessen Umsetzung, was auch mit entsprechendem Zeitaufwand verbunden ist. Dies zeigt sich für mich unter anderem darin, dass er im Anschluss an ein Forumtheaterfestival einmal festhielt, dass er verwundert war, Forumtheater zu sehen, wo die Szene von bühnenunerfahrenen Menschen in nur zwölf Treffen erarbeitet wurde.

---

[133] Augusto Boal: *Legislative Theatre*, London, New York, 1998, S. 48.

Aufführungsphase[134]

Es hängt von der Gruppe und der behandelten Frage ab, in welchem Rahmen die Aufführung stattfindet: privat oder öffentlich, geschlossen oder auf der Straße. Eine Aufführung ist mit zehn Menschen ebenso möglich wie mit 1000. Im Normalfall übernimmt die/der Leiter*in der Erarbeitungsphase während der Aufführung die Rolle des Jokers. Den Aufgaben und Funktionen dieser Rolle ist ein eigenes Kapitel gewidmet. Von Anfang an sind die Anwesenden ein integraler Bestandteil der Aufführung und nicht bloß Zuschauer*innen. Ihre Rolle ist die der ZuSchauspieler*innen. Je nach Bedarf wird durch den Joker auf die Besonderheiten und die Umstände der Vorstellung hingewiesen. Dann beginnt die Vorführung wie im konventionellen Theater. Das Modell wird einmal in seiner erarbeiteten Fassung gezeigt.

Forumphase

In der Forumphase fällt die Trennung zwischen Bühne und Zuschauerraum endgültig und die spect-actors werden zu Hauptdarsteller*innen. Die Bühne steht ihnen offen, erst jene im Theater und im Anschluss die des Lebens.

Nachdem die Modellszene einmal vorgeführt wurde, tritt der Joker wieder in Erscheinung und leitet zur Forumphase über. Dabei hängt es von seinem Stil ab, wie dies geschieht. Der Joker kann eine Diskussion über das Gesehene anschließen oder er kann Übungen anleiten, um die ZuSchauspieler*innen zu aktivieren. In jedem Fall erklärt er die Regeln für die Forumphase. Boal wollte beispielsweise vom Publikum immer wissen, ob es mit dem in der Modellszene Gezeigten einverstanden ist. Dann erfolgt die Ankündigung, dass das Stück nun ein zweites Mal in der gleichen Weise gespielt werden wird und die Schauspieler versuchen werden, zum gleichen Ende zu

134 Vgl. Augusto Boal: *Games for Actors and Non-Actors*, London, New York, 2002, S. 243 ff.

kommen. Die Modellszene zeigt eine Welt *wie sie ist*, die ZuSchauspieler*innen sollen sie zeigen, *wie sie sein sollte*. Nachdem das Stück ein zweites Mal begonnen hat, genügt ein einfaches „Stopp!" eines ZuSchauspielers oder einer ZuSchauspielerin, um die Szene anzuhalten und an Stelle des/der Protagonist*in in die Szene einzusteigen. Der/Die „neue" Protagonist*in kann nun andere Vorstellungen vom weiteren Verlauf der Geschichte zeigen und ausprobieren. Nur der/die Protagonist*in als die unterdrückte Person kann ersetzt werden, nur von ihm/ihr kann eine Änderung ausgehen. „Denn nur der Unterdrückte selbst kann sich befreien. Nicht der Unterdrücker erschließt ihm die Freiheit."[135] Eine Version, bei der der Unterdrücker den Unterdrückten befreit, fällt in die Kategorie „magic" (vgl. „magic" im Kapitel „Bildertheater"). Der Einstieg sollte rasch und in einem vom spect-actor genau bezeichneten Moment, bei einem bestimmten Satz oder einer bestimmten Bewegung erfolgen. Ab diesem Zeitpunkt ist dem spect-actor alles Mögliche und Unmögliche erlaubt. „Wenn es keine vernünftige Lösung gibt, versucht eine unvernünftige. Werdet verrückt und spielt den Narren, aber tut etwas!"[136] Wichtig ist, dass gehandelt wird, nicht nur geredet, dass eine theatralische, handlungsorientierte Diskussion erfolgt. Der/Die ausgetauschte Spieler*in bleibt präsent und unterstützt, wenn nötig, den spect-actor. Dieser versucht die Unterdrückung zu brechen, während die Originalschauspieler*innen versuchen aufzuzeigen, wie schwierig es ist, die Realität zu verändern und dass die Realität so zu akzeptieren sei, wie sie „ist". Die Schauspieler*innen agieren in ihren Rollen authentisch, um eine seriöse Analyse der Potenziale dieser Vorschläge zu ermöglichen. In der Analyse werden Fragen nach der Brauchbar-

---

[135] Augusto Boal: *Theater der Unterdrückten, Übungen für Schauspieler und Nicht-Schauspieler*, Frankfurt am Main, 1989. S. 98.

[136] Augusto Boal zit. nach: Bernd Ruping: „Tango, Sprünge und Theater: 15 Anläufe zum Vorwort"; in: ders. (Hrsg.): *Gebraucht das Theater*, Lingen, Remscheid, 1991 S. 12.

keit der Vorschläge gestellt, nach den Schlüssen, die sich daraus ziehen lassen und ob die vorgeschlagenen Varianten den Wünschen des/der Protagonist*in entsprechen. Denn nur dann sind sie als Antwort auf die Frage hilfreich. Ein verändertes Verhalten des spect-actors in der Rolle des/der Protagonist*in führt konsequenterweise zu Änderungen bei allen anderen Rollen. Der Widerstand, die Unterdrückung kann wachsen oder nachlassen. Versuche können scheitern oder gelingen. Wichtig dabei ist es, etwas daraus zu lernen: über die Konsequenzen des Handelns auf beiden Seiten, über Unterdrückte und Unterdrücker. Die ZuSchauspieler*innen erklären ihren Versuch selbst wieder für beendet und die Szene kehrt immer zu ihrem ursprünglichen Verlauf zurück. Es können neue Möglichkeiten erprobt werden. Wenn einmal eine Möglichkeit gezeigt wurde, wie der/die Protagonist*in die Unterdrückung beenden kann, dann ist es laut Boal auch möglich die anderen Rollen durch spect-actors zu ersetzen und Varianten zu zeigen, in denen andere Formen der Unterdrückung präsentiert werden. Die Originalschauspieler*innen übernehmen dabei die Rolle von Unterstützern, die „ihre" spect-actors, gemäß den Rollen, motivieren und bestärken. Etwa um als fieser Charakter noch fieser zu werden. Immer geht es darum, kollektiv über die dargestellte Frage, den Konflikt, die Unterdrückung in einer konkreten Situation etwas zu lernen. Am Ende einer Forumtheaterszene entwerfen die spect-actors ein brauchbares Handlungsmodell für die Zukunft. Ab diesem Moment erfolgt der Übergang zu den „Direkten Aktionen", wo aus dem Theater heraus die Veränderung der Alltagsrealität erfolgt.

Entstehung

Forumtheater stecke noch in den Kinderschuhen seines Entwicklungspotenzials, schreibt Boal 2002 in der Neuauflage seiner *Games for Actors and Non-Actors*.[137] Seinen Ausgang nahm es in Lateinamerika, wo Boal zwei Begebenheiten als elementare Schritte zur Entwicklung des Theaters der Unterdrückten und des Forumtheaters schildert.[138] Anfang der 1960er-Jahre riefen Boal und die Schauspieler des Teatro de Arena die Bauern eines kleinen Dorfes im Nordosten Brasiliens dazu auf, sich gegen ihre Unterdrücker zu wehren. „Lasst uns unser Blut vergießen!", hieß es am Ende eines Stückes. Mit dem „uns" waren aber nicht die Schauspieler gemeint, sondern ausschließlich die angesprochenen Bauern. Von einem Bauern namens Virgilio angesprochen, musste Boal diesem zuerst mitteilen, dass die mitgebrachten Gewehre nur Attrappe waren und anschließend, dass die Schauspieler keineswegs bereit wären, ihr Blut zu vergießen. Boal war beschämt und beschloss fortan nur noch Theater zu machen, wo er entweder seinen eigenen Ratschlägen zu folgen bereit wäre oder wo die Ratschläge von den Betroffenen selbst kämen. Ausgehend von dieser Erfahrung entwickelte Boal eine Methode, die er „Simultane Dramaturgie" nannte. „Simultane Dramaturgie bedeutet, dass der Zuschauer zum ‚Autor' wird und die Schauspieler seine Ideen unmittelbar in Theaterszenen umsetzen."[139] Boal schildert den Übergang von der Methode der Simultanen Dramaturgie hin zum Forumtheater anschaulich anhand folgender Geschichte: Eine Frau, die nicht weiß, wie sie ihrem Ehemann, der sie betrügt, begegnen soll, bittet um Unterstützung. Sie wisse, dass die Gruppe „politisches Theater" mache, aber sie sei ratlos und erhoffe sich durch die Methode der Simultanen Dramaturgie Vorschläge. Boal antwortete, dass die Ehe eine staatliche Institution und das Verhältnis zwischen Mann und Frau gesell-

---

[137] Augusto Boal: *Games for Actors and Non-Actors*, London, New York, 2002, S. 253.

[138] Augusto Boal: *Regenbogen der Wünsche*, Seelze (Velber), 1999, S. 15-20.

[139] Augusto Boal: *Theater der Unterdrückten. Übungen für Schauspieler und Nicht-Schauspieler*, Frankfurt am Main, 1989, S. 51.

schaftlich definiert sei, ihre Frage sei also sehr wohl eine politische. Die Szene wurde, so wie sie von der Frau erzählt wurde, von einer routinierten Gruppe von Schauspieler*innen in Szene gesetzt. Die Frau zeigte sich mit dem Ergebnis zufrieden und Boal bat das Publikum um Lösungsvorschläge für die Szene, die in der ursprünglichen Version mit dem Davonlaufen des Ehemanns endete, was nicht im Interesse seiner Frau war. Die Geschichte wurde in vielen Varianten durchgespielt, die zwar alle eine Veränderung der Geschichte bewirkten und auf eine gewisse Weise eine Lösung des Konflikts erzielten, aber nicht dem Wunsch der Erzählerin nach der Rückkehr ihres Mannes entsprachen. Erst der Vorschlag einer als äußerst resolut beschriebenen Dame brachte eine Änderung in die gewünschte Richtung: Die betrogene Ehefrau solle mit ihrem Mann „Klartext" reden, ihm, falls er sie um Verzeihung bitte, liebevoll das Abendessen zubereiten und ihm anschließend verzeihen. Die Schauspielerin, die die Rolle der Ehefrau innehatte, versuchte mehrere Male diesen Vorschlag zu spielen, doch zeigte sich die Dame nie auch nur annähernd zufrieden mit der Umsetzung ihrer Idee. Schließlich bat Boal sie selbst auf die Bühne, um ihre Vorstellung zu zeigen. Die Geschichte endete damit, dass die Dame ihren Vorschlag sehr konsequent in die Tat umsetzte. Sie nahm den Mann in den Schwitzkasten, redete „Klartext", verzieh ihm anschließend und bereitete ihm das Abendessen.[140] Rückblickend bezeichnete Boal diese Geschichte als Geburtsstunde des Forumtheaters.

Boals Geschichte V

Die Verschlechterung der politischen Verhältnisse in Argentinien nach Peróns Tod (1974) und sein abgelaufener Pass verurteilten Boal de facto zur Untätigkeit als Theatermacher. Mit Hilfe der Guggenheim-Foundation war es ihm zumindest möglich zu schreiben, und so entstanden in drei Jahren neun

[140] Augusto Boal: *Regenbogen der Wünsche*, Seelze (Velber), 1999, S. 17 ff.

Bücher, zum Großteil politische Parabeln über die Geschehnisse in Lateinamerika. 1975 wurde Julián Boal geboren. Über Beziehungen gelang es Boal schließlich doch einen Pass zu bekommen, und die inzwischen vierköpfige Familie reiste 1976 nach Portugal aus. Dort wartete nach der weitgehend friedlich verlaufenen Nelkenrevolution und der Einladung eines befreundeten Kritikers die Aussicht auf einen Arbeitsvertrag mit der Regierung. Der ursprünglich langfristig angelegte Vertrag, der die Arbeit mit einer der renommiertesten Theatergruppen des Landes vorsah, reduzierte sich zuerst auf sechs Monate und wurde, nachdem sich Boal mit Schauspieler*innen bei Demonstrationen gegen das Kulturministerium solidarisiert hatte, aufgelöst. Privat bot sich für Boal in dieser Zeit die Gelegenheit, sich mit seinen familiären Wurzeln zu befassen, er besuchte sein Elternhaus und alte Familienmitglieder. Seine Mutter kam aus Brasilien in ihre alte Heimat und überbrachte Botschaft von Freunden. Unter anderem erhielt Boal auch Besuch von Paulo Freire. In den zwei Jahren, die Boal in Portugal bis 1978 verbrachte, entstanden lediglich zwei Forumtheaterprojekte: Eines in Porto über einen Folterer aus den Reihen des Geheimdienstes, der zuerst gefasst, dann freigelassen wurde und der einen Anhänger der Revolution ermordete; und ein zweites über den Kampf von Bauern gegen Großgrundbesitzer um Grundrechte. Einladungen von Freunden und anderen Exilbrasilianern führten ihn allerdings quer durch Europa. Er arbeitete in Skandinavien, Belgien, Deutschland, Italien und Frankreich, gab Workshops, unterrichtete an Schauspielinstituten und trainierte Lehrerinnen und Lehrer. Wie wegweisend die Zeit zwischen 1976 und 1978 für die Weiterentwicklung der Methoden war, belegt die Fülle an Berichten über Bildertheater, Forumtheater und Unsichtbares Theater.[141] Die behandelten Themen waren vielfältig, es ging um Arbeitslosigkeit,

[141] Augusto Boal: *Das Theater der Unterdrückten. Übungen für Schauspieler und Nicht-Schauspieler*, Frankfurt am Main, 1989, S. 70-118.

Familienstrukturen, die sexuelle Unterdrückung von Mann und Frau, das Alter, Gastarbeiter, Rassismus, Kinder, den öffentlichen Raum, Gewerkschaften und Streiks und um die Kernenergie. „Alle diese Formen des Theaters der Unterdrückten sind entstanden aus der Notwendigkeit, auf eine ganz konkrete politische Situation eine Antwort zu finden."[142] Durch die Möglichkeit zu arbeiten entwickelte sich auch das TdU weiter und 1979 erschien das Buch *Theater der Unterdrückten* erstmals in deutscher Sprache. Bereits 1978 hatte Boal einen Lehrstuhl an der Universität Sorbonne-Nouvelle erhalten. Er zog nach Paris. Um das TdU zu verbreiten, gründete er in Paris mit Gleichgesinnten ein Zentrum, das weit über 400 Menschen ausbildete und zu Multiplikator*innen machte. Das CÉDITADE (Centre d' étude et diffusion des techniques actives d' expression/Zentrum zum Studium und zur Verbreitung aktiver Ausdrucksformen), 1985 in CTO umbenannt, hätte, so Boal rückblickend, als Institution und Schule von ihm geleitet werden können. Er überließ es allerdings seinen Schüler*innen und wurde, wie er sich selbst bezeichnete, zum „Fliegenden Holländer". [143]
Seitdem gehen die Entwicklungen im TdU weltweit in unterschiedliche Richtungen und verlangen nach einem ständigen Überdenken und Überarbeiten der Rahmenbedingungen, der Techniken bzw. der diversen Methoden.[144] Unantastbar bleibt dabei das fundamentale Prinzip des TdUs:

> „[The] spect-actors must be the protagonists of the dramatic action and these spect-actors must prepare themselves to be protagonists of their own lives."[145]

---

[142] Ebd., S. 96.
[143] Augusto Boal: *Hamlet and the Baker's Son*, London, New York, 2001, S. 322.
[144] Augusto Boal: *Games for Actors and Non-Actors*, London, New York, 2002, S. 253.

Solang dieser Grundsatz eingehalten wird, bezeichnet Boal Veränderungen der Regeln als „kreative Häresie“[146]. In diesem Zusammenhang sind Fragen aufgetaucht, die Boal zwar zu beantworten versuchte, die aber nach wie vor diskutiert und im folgenden Kapitel geschildert werden.

Zweifel und Gewissheiten rund ums Forumtheater[147]

Forumtheater muss Möglichkeiten eröffnen und darf keine ausweglosen Situationen präsentieren. Wenn z. B. eine Frau alleine in einer U-Bahn-Station von vier bewaffneten Männern vergewaltigt wird, bleiben körperliche Gewalt oder Superkräfte als einziger Ausweg übrig. Solche Szenen über Gewaltopfer, die „nur“ davonlaufen, Hilfe holen oder selbst Gewalt anwenden können, eignen sich nicht fürs Forumtheater. Laut Boal sind Opfer dadurch gekennzeichnet, dass sie ihrem Schicksal hilflos ausgeliefert sind, Unterdrückte können sich im Gegensatz dazu selbst helfen und sich befreien. Forumtheater soll sie in diesem Kampf ermutigen und unterstützen. Im Forumtheater stehen sich also nie Opfer und Täter gegenüber, sondern entweder Unterdrücker und Unterdrückte oder Gegner in einem Konflikt. Es bleibt die Frage, wie aus einem Unterdrückten ein Opfer wird und wie die Geschichte an diesem Übergang – im Moment der „Chinesischen Krise“ – in eine andere Richtung gelenkt werden kann. So wie in der Modellszene körperliche Gewalt zwar als Folge der Unterdrückung nicht aber als Kern des Problems dargestellt sein sollte, so ist im Forum streng genommen Verzicht auf körperliche Gewalt geboten, selbst wenn sie im Alltag wahrscheinlich zur Anwendung

---

145 „ZuSchauspieler*innen müssen die Hauptdarsteller*innen der dramatischen Handlung sein und diese ZuSchauspieler*innen müssen sich darauf vorbereiten, Hauptdarsteller*innen in ihren eigenen Leben zu sein.“ Augusto Boal: *Games for Actors and Non-Actors*, London, New York, 2002, S. 270.

146 Ebd., S. 9 (Fußnote).

147 Ebd., S. 253 ff.

käme. Gewalt scheidet als Lösung immer aus. Allerdings kann es hilfreich sein, sich die Auswirkungen von Gewalt und Gegengewalt vor Augen zu führen und im geschützten Rahmen des Theaters die dramatischen Konsequenzen zu erleben. „Peace, not passivity"[148] lautete der Wahlspruch Augusto Boals, mit dem er auch davor warnen wollte, Gewaltlosigkeit und Friedfertigkeit mit Resignation und Passivität zu verwechseln. Gerade das Theater fordert dazu heraus, mit aller Kreativität und Phantasie, mit allem Einfallsreichtum an mögliche Lösungen eines Problems heranzugehen und dabei alle verfügbare Kraft, Energie und Entschlossenheit aufzubringen.

In Bezug auf die Fragen, die im Forumtheater gestellt werden, ob diese eher konkret oder eher allgemein gefasst sein sollen, gab Boal den konkreten Fragen den Vorzug. Je willkürlicher die Fragen in der Modellszene gestellt werden, desto unpräziser fallen die Antworten aus. Die Forumphase und folglich die Diskussion werden ebenso willkürlich. Forumtheater entwickelt sein ganzes Potenzial erst, wenn in der Modellszene präzise Fragen gestellt werden. Wenn Forumtheater unbefriedigend ist, liegt es meist an einer unklaren Ausgangslage. Wer nicht weiß, wonach er im Theater sucht, hat dort nichts verloren. Ähnlich verhält es sich mit Fragen, die nicht zumindest von einer gewissen Dringlichkeit sind. Denn durch sie ergibt sich die notwendige und Not wendende Spannung und der daraus resultierende Wunsch, etwas in den Alltag mitzunehmen. Forumtheater nimmt die Menschen, deren Probleme und Wünsche ernst. Fehlt die Dringlichkeit, so besteht die Gefahr mit frommen Wünschen und lapidaren oder einfach gut gemeinten Vorschlägen zu spielen, mit denen niemandem geholfen ist.

Was die Lösungen für ein Problem anbelangt, so hielt Boal eine gute Debatte letztendlich für wichtiger als eine gute Lösung. Im Vordergrund steht das Lernen und das kann auch

---

[148] Augusto Boal signierte alle seine E-Mails mit diesem Motto.

über das Scheitern erfolgen. Forumtheater zeigt auf, dass es möglich ist, etwas zu verändern und mitzugestalten und darf dabei in keinem Moment zu einer „Predigt" über den „richtigen" Weg werden.

Dem Einwand, dass sich viele im Publikum leicht der Beteiligung entziehen könnten, entgegnete Boal, dass selbst die Reflexion über die Handlungen zu einer Handlung wird. Alle im Raum werden zu spect-actors. Auch die Entscheidung nichts zu sagen und nichts zu tun, stellt eine Handlung dar. Die Menschen im Raum sind, anders als im konventionellen Theater, über ihre Reflexionen zu den Fragen miteinander verbunden. Manchmal gibt es auch Bedenken, was die aktive Übernahme einer Rolle in der Forumphase durch ZuSchauspieler*innen anbelangt. „In Südamerika, mit der dortigen Mentalität und dem Temperament der Menschen mag das funktionieren, aber hier bei uns?", ist ein oft vorgebrachter Einwand. Aber Forumtheater ist nicht abhängig von Mentalitäten und Ländern, es funktioniert überall. In Schweden, in Brasilien, in Deutschland, Österreich, der Schweiz und in jedem anderen Land. Es funktioniert, wenn und weil die Leute in der Modellszene Probleme, Situationen und Konflikte wiedererkennen, bei denen sie den Wunsch nach Veränderung verspüren. Wenn dieser Wunsch fehlt, gibt es kein „Stopp". Möglicherweise ist dann die Szene inhaltlich oder kontextual zu weit vom Publikum entfernt, die Frage unklar formuliert oder das Problem aus Sicht des Publikums nicht dringlich genug. „Und erst wenn das Forumtheater mit dem Ziel der politischen Bekämpfung von Unterdrückung, Diskriminierung und Benachteiligung geprobt und aufgeführt wird, können die eingeladenen Zuschauer die Ernsthaftigkeit des Dialogangebots wahrnehmen, welches die Darsteller und ihr(e) Joker ihnen auf der Bühne unterbreiten."[149]

---

[149] Christoph Leucht u. a.: „Handeln in der Fremde, entfremdetes Handeln – Reflexion der Berliner Forumtheatergruppe RAAbenschwarz", in:

Für Verwirrung sorgt manchmal die Frage, wer für wen eine Rolle übernehmen darf. Dürfen Männer Frauen ersetzen, kann eine Weiße für eine Schwarze einsteigen? Die Gründe, warum jemand sich für den/die Protagonist*in einwechselt, spielen sich laut Boal auf drei Ebenen ab. Die erste und stärkste ist die der Identifikation. Der/Die ZuSchauspieler*in erkennt: Ich habe das gleiche Problem wie die Figur in der Szene. Die zweite Ebene ist die der Analogie: Dabei erkennt ein/e ZuSchauspieler*in, dass er/sie ein ähnliches Problem hat und mit ähnlichen Schwierigkeiten kämpft. Bei der dritten Ebene handelt es sich um die Solidarität, im Sinne Che Guevaras (vgl. Kap. „Ethik"), wonach man bereit ist, dasselbe Risiko einzugehen. Die Bereitschaft voneinander zu lernen, öffnet die Bühne im Grunde allen spect-actors ohne Einschränkung.
Die Arbeit an den Momenten der Unterdrückung in den Szenen und deren Durchbrechung beruht auf dem Prinzip der „analogen Induktion"[150]. Diese bündelt viele ähnliche Alltagsrealitäten zu einer Bühnenrealität. Aus individuellen Geschichten werden die allgemeinen Grundmuster herausgearbeitet, um allen Beteiligten ein ausreichendes Angebot an Wiedererkennungsmöglichkeiten zu bieten, damit an einer gemeinsamen Sache gearbeitet werden kann. Gleichzeitig stellt Boal die hohe Anforderung an die Protagonisten, in den Zuschauenden Sympathie (Mit-Fühlen) zu evozieren und zwar ausdrücklich im Gegensatz zu Empathie (Ein-Fühlen).[151] Empathie bezeichnete zu Zeiten des griechischen Theaters die bedingungslose Identifikation des Zuschauers mit der Figur unter Aufgabe seiner eigenen Persönlichkeit. Durch dieses „Hineinfühlen" wird die Möglichkeit einer eigenen Sichtweise auf die Situation unterbunden und das Zurückgreifen auf den eigenen Erfahrungs-

Helmut Wiegand (Hrsg.): *Theater im Dialog: heiter, aufmüpfig und demokratisch. Deutsche und europäische Anwendungen des Theaters der Unterdrückten*, Stuttgart, 2004, S. 217.

[150] Augusto Boal: *Regenbogen der Wünsche*, Seelze (Velber), 1999, S. 50 f.

[151] Augusto Boal: *Regenbogen der Wünsche*, Seelze (Velber), 1999, S. 49.

schatz in Bezug auf andere Verhaltensweisen verhindert. Boal bezeichnete dies als „invasion of the character". Im Falle des Mitfühlens bleibt eine Außensicht mit dem Wunsch nach Veränderung der Situation erhalten. Während es im konventionellen Theater stets ein Ungleichgewicht zu Gunsten des Bühnenraums und der Künstler gibt, welche die Emotionen, Handlungen, Bilder, die Moral etc. vorgeben, stehen einander im TdU die Welt der Darstellenden und die Realität der Beobachtenden ebenbürtig gegenüber. Wird der/die Beobachter*in zum spect-actor, befindet er/sie sich gleichzeitig in beiden Welten, nämlich in seiner/ihrer und in jener des Stückes (vgl. die Ausführungen im Kapitel „Metaxis"). Respekt und Sympathie beschreiben das atmosphärische Verhältnis im Umgang miteinander. Dieses Konzept lässt es zu, dass der/die Protagonist*in die Einstiege der spect-actors als weitere Möglichkeiten im Spektrum eigener Verhaltensweisen erkennen und für sich verwerten kann. Dadurch bleibt es immer Theater *der* Unterdrückten und wird nicht zu einem Theater *für* Unterdrückte. Wenn die Einstiege in der Forumphase von der ursprünglichen Frage wegführen, hat sich das Forumtheater nach den Menschen zu richten und muss mitgehen. Es gibt keine Hierarchie der Probleme, und der Kampf gegen eine Form der Unterdrückung ist ein Kampf gegen alle Formen der Unterdrückung.

Eine Gewissheit, die er nicht müde wurde zu betonen, blieb für Boal zentral:

> „The most important thing, over and above anything else, is that Forum Theatre should be good theatre; that the model in itself offers a source of aesthetic pleasure […] the show itself must be watchable and well constructed."[152]

---

[152] „Das Wichtigste, vor allem anderen, ist, dass Forumtheater gutes Theater sein sollte. Die Modellszene sollte eine Quelle ästhetischen Vergnügens beinhalten. […] Die Vorstellung muss ansehnlich und gut struktu-

Auch wenn die Rahmenbedingungen nicht optimal sind, darf das nicht dazu führen, dass Forumtheater zu einem „Rollenspiel mit Auswechseln" wird. Die beste Kunst unter den Umständen bringt auch eine hohe Qualität im Umgang mit den Umständen mit sich. Alle Formen des TdUs erfordern Hochachtung vor dem Theater und vor den Menschen, die diese Kunstform betreiben.

Ein verantwortungsvoller Umgang mit all diesen Regeln kann auch deren Brechung beinhalten. Ansonsten werden sie ihrerseits zu Unterdrückern.

> „Theatre of the Oppressed does have its rules and these must be respected. But if, by chance, the audience at a particular moment and for a particular reason decides to change these rules, then you change them."[153]

Anpassungen und Abwandlungen

Forumtheater nach Augusto Boal präsentiert eine Szene, die notwendigerweise eine Unterdrückungssituation beinhaltet. Da der Begriff „Unterdrückung" ideologisch aus einer Zeit und Weltgegend stammt, wo die Einteilung in Unterdrückte und Unterdrücker klarer schien, lohnt es sich, mit weniger dichotomen Begriffen zu operieren. Eine Möglichkeit bietet beispielsweise die Formulierung „unter Druck stehen" oder es geht um Fragen der Diskriminierung oder der (Un-)Gerechtigkeit. Um einer komplexen Realität gerecht zu werden, eignen sich auch Ausgangssituationen, die unbefriedigend behandelte Konflikte zeigen. Eine andere Ausgangsfrage an die

---

riert sein." Augusto Boal: *Games for Actors and Non-Actors,* London, New York, 2002, S. 256.

[153] „Theater der Unterdrückten hat seine Regeln und die gilt es zu respektieren. Wenn aber, durch Zufall, das Publikum in einem bestimmten Moment und aus einem bestimmten Grund beschließt diese Regeln zu ändern, dann ändert man sie." Augusto Boal: *Games for Actors and Non-Actors*, London, New York, 2002, S. 270.

Gruppe könnte lauten: Wo kämpft ihr mit Schwierigkeiten? Jedenfalls lohnt es sich, die Formulierung des Themas im Vorfeld sorgfältig durch die Beteiligten klären zu lassen. In Bezug auf die Adaptierung des Forumtheaters an kulturelle, zeitliche, regionale Gegebenheiten schrieb Boal 1981: „Während wir in Lateinamerika das Forumtheater zur Lösung als bekannt vorausgesetzter Probleme verwendeten, dient es uns in Europa dazu, dem Problem überhaupt erst auf die Spur zu kommen."[154] Aus Frankreich schilderte Boal eine Begebenheit, wo ihm ein Schüler erklärte, dass er noch nie Unterdrückung erlebt hätte, nur die übliche *Beschissenheit* (*emmerdement*). Es braucht immer eine Anpassung der Sprache.

„Words are living entities and should be treated with the same tenderness as human beings. […] We have to teach our partners to love words, to choose the ones they prefer to signify each particular idea or feeling or emotion they have, to utter them meaningfully: […]"[155]

Im Zuge seiner Entwicklung erfuhr das Forumtheater einen Wandel von einer Zweidimensionalität hin zu mehr Pluralität. Im ursprünglichen Setting wurden die ZuSchauspieler*innen eingeladen, ausschließlich den/die klar definierte/n Protagonist*in, die unterdrückte Person, zu ersetzen. Bei Konflikten ohne klare Trennung in „gut" und „böse" und je nach Gruppe und Publikum, gibt es innerhalb der Modellszene möglicherweise mehrere Figuren, die bei den ZuSchauspieler*innen Sympathien wecken. In jedem Fall gilt es, jene Rollen zu erset-

---

[154] „Heimatloser Indio" (März 1981) Brief von Augusto Boal an Henry Thorau in: Augusto Boal: *Mit der Faust ins offene Messer*, Frankfurt am Main, 1990, S. 92.

[155] „Worte sind lebendige Wesen und sollten ebenso zärtlich behandelt werden wie Menschen. […] Wir müssen unseren Partnern beibringen, Worte zu lieben, diejenigen auszuwählen, die sie bevorzugen, um ihre jeweiligen Ideen, Gefühle, Emotionen zu bezeichnen, der Bedeutung entsprechend zu äußern: […]" Augusto Boal: *Legislative Theatre*, London, New York, 1998, S. 46.

zen, die mit den Schwierigkeiten kämpfen, und nicht jene, die die Schwierigkeiten verursachen. Wenn die Verursacher*innen ersetzt und verändert werden, haben wir es mit Wunschdenken, dem bereits erwähnten „magic", zu tun und werden für den Alltag keinen Erkenntnisgewinn daraus ziehen. Als Zu-Schauspieler*in muss ich beim Betrachten wissen, auf wessen Seite ich stehe. Es gibt im TdU eine klare Vorgabe, die außer Frage steht: Das TdU kämpft an der Seite der Schwachen, der Ausgebeuteten, der Benachteiligten, der Leidtragenden, der Hilfesuchenden.

Boal schilderte kreative Regelverletzungen, so z. B. aus Indien, wo einem Mann, der als Unterdrücker bekannt war, erlaubt wurde, als spect-actor die Rolle des Unterdrückers im Stück einzunehmen. Der Patriarch zeigte eine ausgesprochen freundliche Variante anstelle des im Stück portraitierten Patriarchen. Als Grund dafür nannte der Joker Sanjoy Ganguly, dass der Mann dadurch ein öffentliches Versprechen ablegte, sich in Zukunft so zu verhalten, wie es von ihm im Theater gezeigt wurde. Er gestand auf der Bühne öffentlich ein, dass er auch anders handeln konnte.[156] Andere Regelverletzungen hingegen widersprechen den Grundsätzen des Forumtheaters und haben mit der Fragestellung, die behandelt wird, zu tun. Unzulässige Fragen können zum Beispiel lauten: Wie lassen sich Menschen besser manipulieren? Wie kann ich meinen persönlichen Vorteil besser nutzen und andere übertrumpfen? Wie bringe ich Untergebene dazu, effizienter zu arbeiten?

> „[…] most of us know that there are some persons and some groups, in Europe, in the US and other places, who do what-

[156] Augusto Boal: *Games for Actors and Non-Actors,* London, New York, 2002, S. 9. Weitere kreative Häresien: Augusto Boal, Adrian Jackson, James Thompson: „Heresis" in: *Metaxis. The Theatre of the Oppressed Review,* Number 2, Rio de Janeiro, 2002, S. 7 ff.

ever they want and call that TO, which is unfair and not honest."[157]

Ein Missbrauch des Forumtheaters findet auch dann statt, wenn die gewünschte Antwort schon im Vorfeld definiert wurde und das Forumtheater nur dazu dienen soll, diese zu „finden". In diesen Fällen handelt es sich um keinen Dialog, die Unterdrückung wird durch Manipulation und Scheindemokratie nur noch vergrößert.

TdU ist ein Werkzeug und eine Kampfkunst. Die Art und Weise des Einsatzes liegt in der Verantwortung der ausführenden Menschen. Die Wirkung der Vorschläge Boals hängt wesentlich von der Qualität der Durchführung ihrer Anwender*innen ab.

3.5.6 Regenbogen der Wünsche

Unter dem Übertitel „Regenbogen der Wünsche"[158] sind 15 Techniken, die laut Boal zwar komplex, aber nicht kompliziert sind, zusammengefasst. Boal war von der Begegnung mit Formen der Unterdrückung in Europa zunächst überrascht. Die Unterdrücker in Lateinamerika waren stets sichtbar und konkret benennbar, viele Europäer*innen hingegen kämpften nicht gegen Polizisten oder das Militär, nicht gegen Großgrundbesitzer und gegen die Armut, sondern mit einer inneren

[157] „[...] die meisten von uns wissen, dass es Personen und Gruppen gibt, in Europa, den USA und anderswo, die machen, was sie wollen und nennen es Theater der Unterdrückten. Das ist unfair und unehrlich." Augusto Boal: Auszug aus einer E-Mail, die über ein Joker-Treffen in Rio de Janeiro im Juli 2009 informierte.

[158] Till Baumann verdanke ich den Hinweis, dass es je nach Kontext auch „Regenbögen der Bedürfnisse, von Anliegen, Begehren oder Verlangen" sein können. All diese Bedeutungen stecken in oder hinter einem „desire".

Leere, mit Kommunikationsarmut und daraus resultierenden Suchterkrankungen, Depressionen und einer Selbstmordrate, die um vieles höher liegt als in Gebieten, in denen Menschen ums Überleben kämpfen. Gemeinsam mit seiner Frau, die Psychoanalytikerin geworden war, forschte er ab 1982 in eigenen „Theaterlabors" über die „Polizisten in den Köpfen", wie er die verinnerlichten Unterdrücker nannte. Die daraus entstandenen Methoden sollten helfen, internalisierte Unterdrückungen und Wünsche, Befürchtungen und Sehnsüchte sichtbar zu machen. Der Methodenkomplex „Regenbogen der Wünsche" macht es möglich, Klarheit über diese zu gewinnen und entschiedener mit ihnen umzugehen.

Als Ausgangspunkt in den Überlegungen Boals spielte bei der Entwicklung dieser introspektiven Techniken, also jenen Techniken, die den Blick zuerst nach innen richten, die Vorstellung von Polizisten eine entscheidende Rolle. Für Boal waren Polizisten *das* Sinnbild für Unterdrückung. Ursprünglich plante Boal auch das Buch, das er über diese Methoden verfasste, „Polizisten im Kopf" zu nennen, wovon ihm aber sein französischer Verleger abriet, weil sich ein Buch mit so einem Titel[159] nicht verkaufen würde. „Regenbogen der Wünsche" klänge angenehmer.

Die „Polizisten im Kopf" sind verinnerlichte Autoritäten, die in bestimmten Situationen verhindern, das zu tun, was man tun möchte oder einen dazu zwingen, etwas zu tun, was man nicht möchte. Diese „inneren Stimmen", die Ge- oder Verbote verhängen, kommen von außen und können mit bestimmten Personen oder Institutionen assoziiert werden. Über die „Hauptquartiere", wie Boal die sozialen Grundmuster bezeichnete, aus denen die einzelnen „Polizisten" kommen, lassen sich

[159] „Le flic dans la tête" lautet die französische Version, „Cops in the Head" die englische. In beiden Sprachen wird also ein eher abwertender Begriff verwendet, vergleichbar mit dem deutschen „Bulle" (je nach Region auch: Puz, Polyp, Polente, Kieberer etc.).

wieder allgemeine Aussagen treffen, weil eine Ähnlichkeit zwischen den verinnerlichten „Polizisten“ unterschiedlicher Menschen besteht. In einer Gesellschaft herrscht die Tendenz, dass ähnliche Figuren Ähnliches sagen, was dazu führt, dass die Situation für eine gesamte Gruppe relevant wird. Die Auswirkungen dieser „Polizisten“ machen sich nicht nur bei einzelnen Personen bemerkbar, sondern bei vielen Menschen. Wiederum geht es um die dahinter liegenden Zusammenhänge und nicht um einen Einzelfall.
Es wird möglich, einem Verbot beispielsweise die Rolle des Vaters, der Mutter, eines Lehrers, eines Priesters oder eines Freundes zuzuschreiben. Das Grundmuster oder die Institution dahinter ist dann die Erziehung, die Schule, die Kirche oder z. B. eine Partei. Die Darstellung „des Kapitalismus“ ist nicht möglich, es braucht etwa die konkrete Person eines Chefs, der die Werte des Kapitalismus vertritt. Gleiches gilt für Gebote und da beide Kategorien an sich weder gut noch schlecht sind, kommt es weniger darauf an, wer sie vorgibt, sondern mehr darauf, wie sie durchgesetzt werden. Die „Polizisten“ sind Stimmen, die einen immer wieder die falsche Entscheidung treffen lassen, obwohl man in Wirklichkeit etwas anderes will. Auf eine Frage zum Regenbogen der Wünsche sagte Boal 1999:

> „[...] the basis of all that is Stanislawski. And beside Stanislawski: Freud and Moreno, they are all from the beginning of this century. And my wife is a psychoanalyst, so we discussed very much about psychoanalysis and all that sort of things.“ [160]

Bereits das Forumtheater wurde mit dem Soziodrama Morenos[161] verglichen und die introspektiven Techniken Boals wur-

---

[160] Das Interview wurde von Roberto Mazzini, Luc Opdebeeck und Ronald Matthijssen in Wien am 25. Oktober 1999 geführt.

[161] Jakob Levy Moreno (1892-1974): Psychiater, Soziologe, Theatermacher. Er gründete 1921 ein Stegreiftheater in Wien, emigrierte in die

den mit Morenos Psychodrama in Verbindung gebracht. Boal distanzierte sich anfangs davon und allen Formen von Therapie. Therapie war für ihn die Anpassung an die bestehende Gesellschaft. Die Ähnlichkeiten zu Moreno sind allerdings nicht zu übersehen. 1989 begegnete Boal Morenos Witwe in Amsterdam beim Kongress der von Moreno gegründeten „Internationalen Gesellschaft für Gruppenpsychotherapie", zu dem er geladen war. Das im darauffolgenden Jahr erschienene Buch *Méthode Boal de théâtre et de thérapie – l'arc en ciel du désir* weist schon im Titel auf die Aussöhnung Boals mit dem Therapiebegriff hin. Letztendlich fanden Moreno und Boal, aus verschiedenen Richtungen kommend, im verändernden Potenzial des Theaters einen gemeinsamen Nenner. Laut Daniel Feldhendler hat Boal 1991 gesagt: „Politics is the therapy of society. Therapy is the politics of the person."[162]
Bei Sigmund Freud könnte Boal auf folgende Überlegungen Bezug genommen haben: „Unsere Kultur ist ganz allgemein auf der Unterdrückung von Trieben aufgebaut."[163]
Die unterdrückten Triebe wurden im Laufe der Menschheitsgeschichte als Kulturmerkmale wertvoll für die Gemeinschaft. Während der Individualgeschichte kommen zusätzliche Repressionen hinzu.

> „Es liegt in der Richtung unserer Entwicklung, dass äußerer Zwang allmählich verinnerlicht wird, indem eine besondere seelische Instanz, das Über-Ich des Menschen, ihn unter seine Gebote aufnimmt. Jedes Kind führt uns den Vorgang einer

---

USA, wo er sein Psychodramainstitut gründete. *Gruppenpsychotherapie und Psychodrama. Einleitung in die Theorie und Praxis*, Stuttgart, 2008.

[162] „Das Politische ist die Therapie der Gesellschaft. Therapie ist das Politische der Person." Daniel Feldhendler: „Augusto Boal und Jakob Levy Moreno: Theater und Therapie", in: Bernd Ruping (Hrsg.): *Gebraucht das Theater*, Lingen, Remscheid, 1991, S. 306.

[163] Sigmund Freud: „Die ‚kulturelle' Sexualmoral und die moderne Nervosität" in: Ders.: *Fragen der Gesellschaft. Ursprünge der Religion.* Frankfurt am Main, 1974, S. 18.

> solchen Umwandlung vor, wird erst durch sie moralisch und sozial. Diese Erstarkung des Über-Ichs ist ein höchst wertvoller psychologischer Kulturbesitz. Die Personen, bei denen er sich vollzogen hat, werden von Kulturgegnern zu Kulturträgern."[164]

Die Verträglichkeit dieser Verinnerlichung variiert unter den Individuen und hängt von der Beschaffenheit ihres Triebhaushaltes und der Triebstärke ab. Je nach Intensität des Triebes kann eine erfolgreiche Unterdrückung geleistet oder eine Strategie für den Umgang mit ihm entwickelt werden, die entweder die strafenden Konsequenzen des Auslebens erträgt, psychoneurotische Ersatzerscheinungen zu Tage fördert oder ihn als außergewöhnlich zu nutzen versteht.

> „Wer Kraft seiner unbeugsamen Konstitution diese Triebunterdrückung nicht mitmachen kann, steht der Gesellschaft als ‚Verbrecher', als ‚outlaw' gegenüber, insofern nicht seine soziale Position und seine hervorragenden Fähigkeiten ihm gestatten, sich in ihr als großer Mann, als ‚Held' durchzusetzen."[165]

Allerdings bringt auch die Befriedigung der Triebe ihre Probleme mit sich, denn „eine Kultur, [die] es nicht darüber hinaus gebracht hat, dass die Befriedigung einer Anzahl von Teilnehmern die Unterdrückung einer anderen, vielleicht der Mehrzahl, zur Voraussetzung hat, und dies ist bei allen gegenwärtigen Kulturen der Fall, so ist es begreiflich, dass diese Unterdrückten eine intensive Feindseligkeit gegen die Kultur entwickeln, […]. Eine Verinnerlichung der Kulturverbote darf

[164] Sigmund Freud: „Die Zukunft einer Illusion" in: Ders.: *Fragen der Gesellschaft. Ursprünge der Religion*, Frankfurt am Main, 1974, S. 145.

[165] Sigmund Freud: „Die ‚kulturelle' Sexualmoral und die moderne Nervosität" in: Ders.: *Fragen der Gesellschaft. Ursprünge der Religion,* Frankfurt am Main, 1974, S. 18.

man bei den Unterdrückten nicht erwarten, […].“[166] Hier setzte Boal an. Die Unterdrückten müssen sich gegen die Kultur der Mächtigen, eine Kultur der Ausbeutung, gegen rassistische, sexistische, diskriminierende, menschenverachtende Kulturen wehren.

So wie bei den „Polizisten im Kopf“ geht es auch beim „Regenbogen der Wünsche“ darum, zuerst den Blick, so weit als gewünscht, auf das Individuelle zu richten und dann wieder das Allgemeine ins Auge zu fassen. Der „Regenbogen der Wünsche“ ist eine Technik, die dabei hilft, die jeweils eigenen Wünsche und Befürchtungen[167] zu entdecken und mit ihnen zu arbeiten. Ausgangsmaterialien sind dabei diejenigen inneren Motivationen, die unsere Verhältnisse untereinander und unsere Beziehungen zueinander verkomplizieren. Ebenso können widersprüchliche Themen Gegenstand der Inszenierung sein. Widersprüchlichkeit ist menschlich, denn kein Gefühl, keine Absicht existiert in „Reinkultur“. Immer schwingen darin auch andere Aspekte, seien es Wünsche oder Befürchtungen, mit. Diese zu entdecken und so mehr Klarheit über ein Mit- oder Gegeneinander zu gewinnen, ermöglicht ein „Regenbogen der Wünsche“, so wie ein Regenbogen im Himmel die unterschiedlichen Farben im Spektrum des Lichts sichtbar werden lässt. Ein Regenbogen kann sich somit auch zwischen Personen abspielen, die einander wohlgesonnen sind, einander respektieren und lieben und die nicht als Unterdrücker und Unterdrückter interagieren.

---

[166] Sigmund Freud: „Die Zukunft einer Illusion“ in: Ders.: *Fragen der Gesellschaft. Ursprünge der Religion*, Frankfurt am Main, 1974, S. 146.

[167] Vgl. Fußnote 158. Neben den Wünschen, Begierden, Sehnsüchten, Anliegen, Bedürfnissen gibt es auf der „anderen“ Seite Befürchtungen, Ängste, Sorgen.

Polizisten im Kopf

Das Modell zeigt eine Situation, in der ein*e Protagonist*in etwas tut, was sie/er nicht möchte oder umgekehrt etwas nicht tut, obwohl sie/er es möchte. Im Anschluss formt sie/er mit Hilfe von spect-actors (Stand-)Bilder von konkreten Personen, die in dieser Szene „heimlich" anwesend waren, also in seiner Vorstellung aufgetaucht sind. Das kann z. B. seine Mutter sein, die die Hände über dem Kopf zusammenschlägt, der Vater mit erhobenem Zeigefinger oder ein Freund, der lachend auf ihn zeigt. Diese Figuren sind die „Polizisten" in seinem Kopf. Dann können andere spect-actors „Polizisten" darstellen, die ihnen beim Zuschauen auf Grund des Phänomens der analogen Induktion in den Sinn gekommen sind. Nach Boal kann die/der Protagonist*in diese akzeptieren, wenn sie ihn/sie an konkrete Personen erinnern, oder ablehnen, wenn dies nicht der Fall ist. Mit allen identifizierten „Polizisten" baut der/die Protagonist*in ein Tableau, in dessen Zentrum er sich selbst befindet. Er/Sie ordnet die in Haltung befindlichen „Polizisten" in Relation zu sich selbst an: nahe oder weit entfernt, hintereinander oder nebeneinander, mit Blick auf ihn/sie oder abgewandt, in bestimmten Konstellationen und so weiter. In einer Rückmelderunde können die Beobachtenden ihre Wahrnehmungen (wie z. B. „Diese Figur steht, diese sitzt." oder „Drei Figuren machen eine Faust.") und Interpretationen („Die Figur scheint mir niedergeschlagen.", „Diese Figur kommt mir besonders bedrohlich vor.") formulieren. Dabei soll der Unterschied zwischen Beobachtung und Interpretation beachtet werden. Anschließend geht die/der Protagonist*in zu jeder Figur und sagt ihr eine konkrete Erinnerung an eine gemeinsame Begebenheit in der Form von: „Erinnerst du dich noch, als… und deshalb…" Dabei bewahren die Figuren stets ihre Haltung. Diese Erinnerungen werden nicht kommentiert. Nachdem die Modellszene klar ist und die „Polizisten" in Haltung gebracht sind, beginnt die Arbeit mit den verschiedenen

Techniken. Der hier gewählte Ablauf folgt den Vorschlägen Boals, die, wie er selbst betonte, nicht bindend sind. Es erfolgt eine Wiederholung der Modellszene, in deren Verlauf die „Polizisten" zu sprechen beginnen, wobei sie den Text aus ihren Haltungen, wie dem erhobenen Zeigefinger und der Information aus den geschilderten Erinnerungen generieren. Sie geben Ratschläge, Befehle und äußern ihre Gedanken zur Situation.
Die Aufgabe des/der Protagonist*in ist es, die „Polizisten" zu bewegen, zu verschieben und zu versuchen ihre Haltungen zu verändern. Er/Sie setzt sich gegen sie zur Wehr. Allerdings folgen diese ihrer eigenen inneren Motivation und kehren in Zeitlupe in ihre Ausgangshaltungen zurück. Dadurch spielt sich die Szene auf einer realistischen Ebene, der Situation in der Modellszene, und einer surrealen Ebene, zwischen dem/der Protagonist*in und seinen „Polizisten", ab. Nur die/der Protagonist*in agiert auf beiden Ebenen. Der/Die Protagonist*in versucht sich dabei zu befreien und seine Wünsche zu realisieren. Da zur Ausgangslage die „Polizisten" erschwerend hinzugekommen sind, muss die Spielleitung besonders auf ihr/sein Befinden achten.
Diese Befreiungsversuche ähneln dem Kampf gegen Unterdrückung im Forumtheater, und in einem Blitz-Forum können die übrigen Teilnehmer*innen für den/die Protagonist*in einspringen und versuchen mit ihren Handlungen gegen die „Polizisten" anzukommen. Das Ganze soll rasch erfolgen, um den/die Protagonist*in mit einer Vielfalt an möglichen und unmöglichen, fertigen und unvollkommenen, erfolgreichen und gescheiterten Varianten zu konfrontieren.
Auf der symbolischen Ebene, in der Auseinandersetzung mit den „Polizisten", kann sich der/die Protagonist*in auch jedem einzelnen stellen und versuchen, diesen zu entmachten. Sobald ein*e ZuSchauspieler*in meint, die Taktik verstanden zu haben, übernimmt er die Rolle und führt den eingeschlagenen Weg des Protagonisten gegen diesen „Polizisten" fort. So ent-

stehen für jeden einzelnen „Polizisten“ spezielle Antikörper, die nach und nach von Teilnehmer*innen verkörpert werden. Wie auf einem Jahrmarkt kann dann der/die Protagonist*in herumgehen und jeweils das Spiel eines Antikörpers mit und gegen einen „Polizisten“ beobachten. Aufgabe der Spielleitung ist es, das Spiel lebendig zu halten, Handlungen den Vorzug vor Wortgefechten zu geben und die Kreativität der spect-actors, etwa durch Bildertheatertechniken, zu stimulieren.

Als letzter Schritt folgt eine Diskussion über das Gespielte, die die Überraschungen, Erkenntnisse, Einsichten und Erfahrungen aller Beteiligten zu Tage fördern soll, ohne diese zu werten oder einen Konsens anzustreben. Die Reflexion ermöglicht ein vielschichtiges Lernen über sich selbst, über andere und über die dargestellten Inhalte, wenn etwa die Autorität von Lehrer*innen oder die Moral der Kirche oder die Ausbeutung durch Vorgesetzte durch die Inszenierung behandelt wurde.

Regenbogen der Wünsche

Das Bild des Regenbogens diente Augusto Boal als Metapher für die Vielschichtigkeit menschlicher Gefühle und Wünsche. Dabei kann es um Wünsche und Gefühle in Bezug auf andere Personen oder Sachverhalte gehen, oder auch um Dinge wie „die Umwelt“ oder „das Geld“. Die Annahme lautet, dass kein Gefühl, kein Wunsch in Reinform auftritt, sondern immer in Form einer Legierung.[168] Liebe vermischt sich mit Angst, Wut mit Zweifel, in die Trauer kann Freude hineinspielen. Ein „Regenbogen der Wünsche“ kann dabei helfen, Wünsche und Gefühle zu klären, diese in neuem Licht zu betrachten sowie Einsichten in neue Zusammenhänge zu bringen. Dabei muss es sich nicht notwendigerweise um Unterdrückungsverhältnisse handeln. Die Befreiung kann hier von Ungewissheiten oder Unklarheiten erfolgen.

---

168 Augusto Boal: *Regenbogen der Wünsche*, Seelze (Velber), 1999, S. 127 f.

Die Modellszene beim „Regenbogen der Wünsche" steckt voller Widersprüchlichkeiten und wirft jede Menge Fragen über das Verhältnis zwischen zwei Figuren auf. Im Anschluss an diese Geschichte verkörpert der/die Protagonist*in so ausdrucksstark wie möglich seine/ihre Gefühle, die darin eine Rolle spielen. Diese Haltungen können einen Wunsch, eine Befürchtung oder ein Gefühl darstellen. ZuSchauspieler*innen, die sich mit einer Haltung identifizieren oder sie aus eigenem Erleben wiedererkennen, übernehmen die Haltung. Nach dem Protagonisten können spect-actors eigene Vorstellungen einbringen, die der/die Protagonist*in akzeptieren oder ablehnen kann. Eine Ablehnung erfolgt dann, wenn die Haltung für ihn nicht als Teil seines Spektrums identifizierbar ist.
Jedem Gefühl, jedem Wunsch und jeder Befürchtung entspricht nun eine Haltung, verkörpert durch einen spect-actor, der/die damit sinnbildlich für eine Farbe des Regenbogens steht. Dann nimmt der/die Protagonist*in all seine/ihre „Farben" zur Seite und informiert sie über seine/ihre Gedanken und Gefühle in Bezug auf ihn/sie. Hätte er/sie gern mehr von diesem Gefühl oder weniger, wünschte er/sie, dieser Wunsch wäre stärker oder gar nicht vorhanden, findet er diese Befürchtung gerechtfertigt oder übertrieben? Die spect-actors nehmen diese Informationen in ihre Haltung mit auf. Danach erfolgt das theatrale Spiel, bei dem wiederum unterschiedliche Techniken zum Einsatz kommen können. Nacheinander schickt der/die Protagonist*in jeweils eine einzelne „Farbe" an seiner/ihrer statt in die Modellszene. Die zweite Figur reagiert auf sie als handelte es sich um einen eigenständigen Charakter und nicht nur um den Teil eines Ganzen. Dementsprechend unterschiedlich werden ihre Reaktionen ausfallen. Während dieser Improvisationen agieren die „Farben" entsprechend ihrer Haltung und aufgrund der erhaltenen Informationen. In ihren Texten und Bewegungen im Raum sind sie völlig frei, nur die Haltung als Ausdruck des Gefühls, des Wunsches oder der Be-

fürchtung muss beibehalten werden. Für sie gilt: Haltung bewahren! Die Haltung dient als Filter, durch den die Situation der Modellszene betrachtet wird.

Aufbauend auf dieses Grundmuster, können unterschiedliche Varianten weitergespielt werden. Der/Die Protagonist*in kann seine/ihre Teilaspekte alle gleichzeitig in Beziehung zu seinem/ihrem Gegenüber setzen und wie Figuren auf einem Spielbrett auf unterschiedliche Positionen verschieben: in seine/ihre Nähe oder von ihm/ihr weg, vor ihn/sie hin oder in seinen/ihren Rücken. Der/Die Protagonist*in kann realistische oder ideale Beziehungsregenbögen entwerfen. Der/Die Protagonist*in kann in Improvisationen mit seinen/ihren „Farben" in Dialog treten und versuchen, den darin gezeigten Wunsch, die Befürchtung oder das Gefühl zu verstärken oder abzuschwächen. Wobei die „Farbe" aus ihrer Sicht immer danach trachtet, bedeutsamer zu werden. So kann es z. B. der Wille des/der Protagonist*in sein, der Wunsch seinem/ihrem Gegenüber an die Kehle zu wollen, möge geringer werden. Der Wunsch an sich möchte dies aber keineswegs und versucht sogar stärker zu werden.

Der/Die Protagonist kann die Modellszene auch aus der Rolle seines/ihres ursprünglichen Gegenübers erfahren, um sich selbst in Gestalt seiner vielen Teilaspekte zu begegnen. Dabei spielen die unterschiedlichen „Farben" gleichzeitig die Ausgangsgeschichte und der/die Protagonist*in spielt sein/ihr Gegenüber. Die einzelnen „Farben" haben bisher immer unabhängig voneinander gehandelt, so als wüssten sie untereinander nichts von ihrer Existenz. In einer weiteren Improvisation können die „Farben" nun einander begegnen und miteinander in Konkurrenz treten. Der Wunsch nach Nähe trifft dann z. B. auf die Befürchtung, vereinnahmt zu werden. Der/Die Protagonist*in wird aufgefordert, dass er/sie die seiner/ihrer Ansicht nach gegensätzlichsten Paare einander begegnen lässt. Die Dialoge können einzeln geführt werden oder gleichzeitig

ablaufen, wofür Boal das Bild eines Jahrmarktes verwendet. Jeder Wunsch sollte dabei zumindest kurz mit allen anderen in Kontakt kommen.
Am Schluss steht noch einmal die Modellszene zwischen den beiden ersten Figuren. Der/Die Protagonist*in kann für diese Wiederholung allerdings alle Erfahrungen und Beobachtung nutzen, die er/sie während des Spiels mit dem Regenbogen gemacht hat.
Erst danach wird der ästhetische Raum verlassen und gemeinsam mit allen Beteiligten über die Inszenierung reflektiert. Alles, was während dieser Vorstellung geschehen ist, kann „gelesen" werden, wobei der Spielleiter/die Spielleiterin besonders auf die Unterscheidung zwischen Beobachtungen und Interpretationen zu achten hat.

3.5.7 Legislatives Theater

> „Many artists before me had been elected to legislative office […], or to executive office. […] I was clear that my case was different: I would not have to give up my previous theatrical activity to start a new life as a parliamentarian. The one would be the extension of the other: anyone who voted for me would know what they were doing – theatre and politics!"[169]

[169] „Viele Künstler vor mir wurden in Parlamente oder Regierungen gewählt. […] Mir war klar, dass mein Fall anders wäre. Ich würde meine vorhergehenden Theateraktivitäten nicht aufgeben müssen, um ein neues Leben als Parlamentarier zu beginnen. Das eine würde nur die Erweiterung des anderen sein. Jeder der für mich gestimmt hat, würde wissen worauf er sich einlässt – Theater und Politik!", Augusto Boal: *Legislative Theatre*, London, New York, 1998, S. 15. Wenn Augusto Boal von diesen Künstlern erzählte, so nannte er unter anderen auch immer den Schauspieler und US-Präsidenten Ronald Reagan und den Schriftsteller und Präsidenten der damaligen Tschechoslowakei Vaclav Havel. Über diese beiden sagte er sinngemäß, dass der eine seine künstlerische Laufbahn beendete, ohne großes Bedauern auszulösen und der andere als Künstler vielleicht mehr erreicht hätte.

Theater allein reicht nicht aus, um die Wirklichkeit zu verändern. Legislatives Theater ist die Verwendung aller Formen des TdUs mit dem Ziel, gerechtfertigte Wünsche der Menschen in geltendes Recht zu verwandeln. Gesetze sind laut Boal immer ein Ausdruck von Wünschen, allerdings von den Wünschen der Mächtigen. Bereits Ende der 1970er-Jahre stellte Boal fest: „Die Unterdrückung ist eine Tatsache, und sie ist fast immer im Gesetz verankert."[170] Die Unterdrückung der Frauen strich Boal hier besonders hervor, und nach wie vor gibt es in Fragen der rechtlichen Gleichstellung von Mann und Frau genügend Handlungsbedarf. Realistischerweise erhoffte sich Boal im Kampf gegen Unterdrückung mehr Erfolg, wenn sich die Unterdrückten auf bestehende Gesetze berufen könnten. Aus seiner Sicht bestand ein Mangel an Gesetzen. Beim Festival „Visionen der Veränderung" 1999 in Wien kam in einem Workshop mit Boal zu Tage, dass in Österreich, und vermutlich auch in anderen Ländern, auch der umgekehrte Fall eintreten kann, nämlich jener, bei dem die Unterdrückung nicht aus einem Mangel an Gesetzen resultiert, sondern aus einem Übermaß. Das konkrete Beispiel dazu lieferte das überreglementierte Zusammenleben in einer Wohnsiedlung, wo vor allem Jugendlichen so gut wie alles verboten war. Es ging schließlich um die Frage, wie ihnen wieder Spiel- und Bewegungsräume eröffnet werden können.

Vom Ablauf her wird im Legislativen Theater, am Ende eines Forumtheaters etwa, ein Raum ähnlich einem Parlament geschaffen, in dem in ritualisierter Form aus den Einstiegen und Interventionen der spect-actors Vorschläge für Gesetzesänderungen erarbeitet werden. Dazu ist die Zusammenarbeit mit Experten (z. B. Jurist*innen) und Verantwortlichen (Politiker*innen) notwendig, um die nötige Form und ausreichend

[170] Augusto Boal: *Theater der Unterdrückten, Übungen für Schauspieler und Nicht-Schauspieler*, Frankfurt am Main, 1989, S. 117.

Druck zu erzeugen, sodass am Ende die Änderungswünsche auch umgesetzt werden.
Das Legislative Theater entsprang dem Wunsch Augusto Boals, die Vorstellungen, die er im Forumtheater in der Theaterrealität sah, die aber an die Grenzen der Alltagsrealität stießen, Wirklichkeit werden zu lassen. Das TdU hatte bis dahin zahlreiche Grenzen überwunden, aber wenn etwas von Gesetzes wegen nicht möglich war, dann waren auch die Möglichkeiten des Theaters der Unterdrückten ausgeschöpft.[171]

Boals Geschichte VI

Nachdem Boal 1982 in Paris vom Vizegouverneur von Rio de Janeiro mit der Idee konfrontiert wurde, in Rio ähnliche Arbeit wie in Frankreich zu machen, dauerte es bis 1986 bis er der Einladung des nunmehrigen Gouverneurs folgte und am Projekt der Volksbildungszentren (CIEPs - Centros Integrados de Educação Pública) mitarbeitete. Über sechs Wochen arbeitete er mit 35 Kulturreferent*innen der CIEPs mit den Techniken des Bilder-, Forum- und des Unsichtbaren Theaters und es entstanden Stücke zu Themen wie Arbeitslosigkeit, Wohnsituation, sexuelle Gewalt, Inzest, Unterdrückung von Frauen und Jugendlichen und zu Fragen der Gesundheit. Bis zu 400 Menschen kamen zu einer Aufführung in die Kulturzentren und beteiligten sich an den Forumtheateraufführungen. Boal beschrieb diese Zeit so: „Seldom have I felt so happy in the theatre."[172]

[171] In Österreich gelang es mit einigen Projekten tatsächlich Legislatives Theater zu machen. vgl. Armin Staffler/Michael Wrentschur: *Von einem Theater, das den Dialog sucht. Auch mit der Politik.* in Peter Filzmaier u.a. (Hg.): *Kultur und Politik. Reflexion oder Aktion,* Wien, 2016, S. 120-137 und Carlotta Schlosser: *Partizipation und Mitbestimmung von Menschen mit Behinderung: Die Novellierung des Behindertengesetzes des Landes Tirol,* in Elisabeth Rieder (Hg.): *Politik und Behinderung in Österreich. Ansätze, Herausforderungen, Perspektiven,* Innsbruck, 2019, S. 39-63.

[172] „Selten habe ich mich im Theater so glücklich gefühlt." Augusto Boal: *Legislative Theatre*, London, New York, 1998, S. 10.

Nach dieser Arbeitsphase in den CIEPs wurde der unterstützende Gouverneur abgewählt und die neue Regierung entzog den Zentren die Mittel. Zwar ermöglichte es ein neues Gesetz Firmen Steuern zu sparen, wenn sie kulturelle Initiativen unterstützten, aber das TdU erwies sich dafür als ungeeignet, weil die Menschen, mit denen es arbeitet, als Zielgruppe nicht interessant genug war, oder weil sich Boal weigerte seine eigenen Grundsätze zu verraten und die Methoden in den Dienst des Kapitals zu stellen. 1989 existierte noch ein Kern an Aktivist*innen, die ihn schließlich dazu überredeten ein CTO nach Pariser Vorbild zu gründen. Einige Zeit konnte sich dieses Zentrum mit kleinen Projekten und durch internationalen Austausch mit Deutschland und den USA über Wasser halten. 1992, also drei Jahre nach der Gründung des CTOs, stand das Zentrum aufgrund von finanziellen Schwierigkeiten vor dem Aus. Es wurde beschlossen, das CTO wortwörtlich, aber fröhlich und musikalisch, zu Grabe zu tragen. Es sollte einen Trauerzug und Särge geben, und gleichzeitig bot man dieses Spektakel der nahestehenden Arbeiterpartei PT (Partido dos Trabalhadores) für deren Wahlkampf an, um diesem etwas Farbe zu verleihen. Die Partei nahm das Angebot unter der Bedingung, dass sich ein Mitarbeiter des CTO als Kandidat aufstellen ließe, an. In der Annahme, dass er bei 1200 Kandidat*innen von 22 Parteien für 42 Sitze im Stadtparlament von Rio de Janeiro ohnehin chancenlos sei, ließ sich Augusto Boal zu einer Kandidatur überreden. Der bunten und aufsehenerregenden Kampagne schlossen sich mehr und mehr Leute an und sie weckte zunehmend das Interesse der Medien.

Rasch und mit großer Spielfreude wurden aktuelle politische Themen aufgegriffen und an neuralgischen Plätzen der Stadt, am Strand von Ipanema und an der Copa Cabana inszeniert. Boal war die meiste Zeit auf Reisen, aber sein Name und sein Bild mit dem Slogan „Coragem de ser feliz!“ („Habt Mut, glücklich zu sein!“) war überall präsent. Als Boal über sein „Risiko“ gewählt zu werden informiert wurde, wollte er seine Kandidatur zurückziehen. Was ihn aber schließlich doch von einer aktiven politischen Laufbahn überzeugte, war die Möglichkeit, als Abgeordneter (*vereador*) des Stadtparlaments einen Mitarbeiterstab zu beschäftigen und so praktisch das gesamte CTO mitzunehmen. Das war für ihn *die* Möglichkeit mit Hilfe des Theaters im Parlament direkte Demokratie zu praktizieren. Die Wünsche der Menschen sollten durch das Theater ins Parlament gelangen, wo er als Abgeordneter für die Umsetzung zuständig war. So würde es möglich werden, die bisherigen Grenzen des TdUs, die Unterdrückung auf Grund der Gesetzeslage, zu überwinden. Mit dieser Aussicht kämpfte Boal nun mit ganzer Kraft für seinen Wahlerfolg. Bereits im Vorfeld der Wahl formierten sich Kerngruppen des Legislativen Theaters, die sich für Frauenthemen, Umweltthemen, die Situation von Schwarzen oder an den Universitäten engagierten. Als einer von sechs Kandidaten der PT zog Augusto Boal schließlich am 1. Januar 1993 ins Stadtparlament von Rio de Janeiro ein und blieb bis 1996 im Amt. In dieser Zeit gelang es ihm, maßgeblich unterstützt von der Kommission zum Schutz der Menschenrechte (Comissão de Defesa dos Direitos Humanos, CDDH), deren Präsident Boal später wurde, dreizehn Gesetze zu verabschieden, die direkt dem Theater und den Wünschen der Menschen entsprangen.

Während seiner Amtszeit kam Boal seiner Vision von Demokratie sehr nahe: Zuschauende, die sich in Handelnde, Bürger*innen, die sich in Gesetzgeber*innen verwandeln. Theater der Unterdrückten machte Politik, nicht nur politisches Theater. Bereits bestehende Gruppen oder solche, die sich erst über ein gemeinsames Thema fanden, arbeiteten mit den Methoden des TdUs. So theatralisierten z. B. landlose Bauern, schwarze Student*innen, Homosexuelle, Gewerkschafter*innen, kirchliche Gruppen, misshandelte Frauen oder eine Einrichtung für psychisch Kranke ihre Lebensrealität und insze-

nierten ihre Wünsche nach Veränderung. Des Weiteren pflegten viele Gemeindezentren Kontakte mit dem CTO. Die Vernetzung all dieser Gruppen inklusive zusätzlicher Personen mit speziellen Interessen oder Expert*innen auf gewissen Gebieten war ein wesentlicher Teil der Arbeit. Etwa 30 Personen umfasste Boals Mitarbeiterstab, am Ende der Legislaturperiode gab es von über 40 zeitweise bestehenden noch 19 kontinuierlich arbeitende Kerngruppen, sogenannte „núcleos", und im Laufe der Zeit entstand ein Verteiler mit ca. 11.000 Namen und Adressen von Sympathisant*innen, Partnerorganisationen, Expert*innen aus unterschiedlichen Bereichen. Bei den Workshops oder Aufführungen, die in den Gemeindezentren, bei kleineren und größeren Festivals oder auf der Straße stattfanden, wurden Vorschläge für Gesetzesentwürfe gesammelt, die dann im weiteren Verlauf von Rechtsanwält*innen in einer juristischen Sprache neu formuliert wurden.
Auf diesem Weg kam es zu einem Zeugenschutzprogramm für Straßenkinder ebenso wie zu Verbesserungen in der medizinischen Versorgung alter sowie psychisch kranker Menschen, zu städtebaulichen Maßnahmen zum Schutz von sehbehinderten Menschen, einem Anti-Diskriminierungsgesetz, das Motels verpflichtet bei hetero- wie homosexuellen Paaren denselben Preis zu verlangen, zur Verteilung von Müllsäcken an Straßenhändler und zu einigen anderen Gesetzen.[173]
Oftmals wurde es auch zur Aufgabe des CTOs die Bevölkerung darüber aufzuklären, dass manche ihrer Wünsche bereits Gesetz waren, das nur nicht umgesetzt wurde. Generell vermehrte sich im Zuge des Mandats auch die sonstige politische und soziale Arbeit des CTOs abseits legislativer Maßnahmen, so etwa bei der Unterstützung der Anliegen von schwarzen Student*innen, wo es ausreichend gesetzlichen Rückhalt gegen Diskriminierung gab, aber die Realität anders aussah.

[173] Augusto Boal: *Legislative Theatre*, London, New York, 1998, S. 102 f.

Seine Art und Weise der Erarbeitung von Gesetzesvorschlägen konfrontierte Boal mit der Kritik anderer Abgeordneter, er wäre nicht im Stande selbst Gesetze zu entwerfen. Er arbeitete deshalb selbst ein Gesetz aus, das bei Fußgängerampeln ein akustisches Signal vorsieht, das es auch Menschen mit einer Sehbehinderung ermöglicht, die Grünphase zu erkennen. In Schweden hätte sich dieses System bestens bewährt. Als Menschen mit einer Sehbehinderung davon erfuhren, warfen sie Boal vor, er wollte sie umbringen. Boal verstand die Welt nicht mehr, hatte doch dieses Signal in Schweden Menschenleben gerettet. Man erklärte ihm den Unterschied zwischen Schweden und Rio: In Schweden bleiben Autofahrer bei Rot stehen! Er beschloss daraufhin, wieder die Expert*innen, nämlich die Betroffenen selbst, entscheiden zu lassen, was sie sich wünschten. Im Oktober 1996 verlor Augusto Boal den Sitz im Stadtparlament. Dafür waren unterschiedliche Gründe ausschlaggebend und Boal merkte durchaus selbstkritisch an, dass einer der Gründe wohl eine zu große Gewissheit in Bezug auf den Wiedereinzug war. Die Projekte waren erfolgreich, es gab viele Unterstützungsbekundungen, aber im Gegensatz zum ersten Antreten 1992 fehlten die spektakulären Wahlkampfauftritte und damit die Medienberichte.

Boal war zudem zur Zielscheibe einer verleumderischen Medienkampagne politischer Gegner geworden.[174] Das Projekt des Legislativen Theaters drohte zu scheitern, weil die finanziellen Mittel wegfielen. Über die Vermittlungen des Engländers Paul Heritage erklärte sich die Ford-Stiftung bereit, ab April 1998 Legislatives Theater für 18 Monate zu finanzieren. Die Arbeit begann von Neuem und es entstanden lokale Gruppen in den Favelas[175], die sich mit der Drogenproblematik, der Gewalt ge-

[174] Till Baumann: *Von der Politisierung des Theaters zur Theatralisierung der Politik. Theater der Unterdrückten in Rio de Janeiro der 90er Jahre*, Stuttgart, 2001, S. 50 ff.

[175] Eine Favela ist ein Elendsviertel. Die Bewohner*innen bevorzugen die Bezeichnung „Comunidade“ (Gemeinschaft).

gen Frauen, dem erschwerten Zugang zu Bildung, der Polizeigewalt und der Bedrohung durch Zwangsumsiedlung beschäftigten. Themenorientierte Gruppen arbeiteten zu Fragen sexueller Diskriminierung und AIDS sowie zu den Problemen von Hausangestellten, den „Marias do Brasil".[176]

Einen eigenen Weg ging die von der PT regierte Stadt Santo André am Rande São Paulos. Sie arbeitete seit 1997 mit den Methoden des TdU und suchte aktiv den Dialog mit der Bevölkerung. Die Stadt hat das TdU an sich gesetzlich verankert und macht somit „Exekutives Theater", wie Boal es bezeichnete.[177]

3.5.8 Direkte Aktionen

Auf das TdU kann konsequenterweise nur die Aktion selbst folgen. „Direkte Aktion" ist ein Begriff aus der Sozialgeschichte und meint die unmittelbare Einflussnahme auf ökonomische und politische Prozesse. Die Verantwortung für Veränderung wird nicht an Interessensvertreter, etwa Parlamentarier*innen oder Gerichte delegiert, sondern eigenmächtig wahrgenommen. Die Betroffenen werden im Sinne ihrer Interessen aktiv. Beispiele für direkte Aktionen sind Formen der Selbstorganisation wie Boykotts, Streiks, Sabotageakte, Sitzblockaden, Betriebs- und Hausbesetzungen und Demonstrationen. In der Friedensbewegung wird auch von „gewaltfreien direkten Aktionen" gesprochen, und in diesem Sinne wurde der Begriff wohl von Boal verstanden. Auch wenn in der Geschichte des Begriffs eine Nähe zum Anarchismus zu finden

[176] Zu zwei Gruppen, nämlich der Gruppe „Panela de Opressão" und den „Marias do Brasil" liefert Till Baumann: *Von der Politisierung des Theaters zur Theatralisierung der Politik*, Stuttgart, 2001 in zwei eigenen Kapiteln eindrucksvolle Schilderungen.

[177] Augusto Boal: *Hamlet and the Baker's Son*, London, New York, 2001, S. 337 und Till Baumann: *Von der Politisierung des Theaters zur Theatralisierung der Politik*, Stuttgart, 2001, S. 143 ff.

ist, so ist er nicht auf diese politische Richtung beschränkt und es ist mit Sicherheit kein Zufall, dass Boal diesen Begriff für die Fortsetzung dessen wählt, was er als „Probe für die Realität" bezeichnete. Seine Beispiele für Forumtheater sind voll von Situationen, in denen es um Vorbereitungen auf Streiks, den Umgang mit Streikbrechern, die Konfrontation mit bewaffneten Betriebsmilizen geht, wo aufgrund der Machtverhältnisse Verhandlungen ausgeschlossen waren. Ein Beispiel, das Boal in dieser Hinsicht nachhaltig beeindruckt hat, sind die „Madres de la Plaza de Mayo" („Mütter der Plaza de Mayo"). Diese Organisation von argentinischen Frauen, deren Kinder während der Militärdiktatur der 1970er-Jahre „verschwanden", hat ihren Namen vom Platz vor dem Präsidentenpalast in Buenos Aires. Erstmals trafen sie einander am 30. April 1977 während der Militärdiktatur, um für eine halbe Stunde stumm um die Plaza zu gehen, denn Proteste im Stehen waren damals verboten. Bis heute protestieren die Mütter auf diese Weise jeden Donnerstag und fordern Aufklärung über den Verbleib ihrer Kinder und die Bestrafung der Verantwortlichen. Ihr weißes Kopftuch, Symbol der Trauer und des Protestes, wurde zu einem bekannten Symbol für passiven Widerstand und für den Kampf für Gerechtigkeit.[178]

> „The Madres de la Plaza de Mayo are still looking for their missing children: every Thursday at noon, they walk in circle (what a dreadful symbol!), showing photos, talking about their children, as though they were still alive, ready to come back home, before night falls. High noon, every Thursday, they turn round and round […] and find them not. In Buenos Aires and in many other cities; in Argentina and in many other countries, Mothers of May are still looking for their missing, beloved ones […] Should the Mothers of May become terrorists like the ones who killed their children?

---

178 http://madres.org/ (30.12.2022)

Should the Mothers of May carry grenades and not photos, bombs and not flowers?“[179]

Was die Direkten Aktionen im Kontext des TdUs auszeichnet, sind deren Theatralisierung. Mit Hilfe von Masken, Gesängen, Kostümen, Choreographien und allen anderen Möglichkeiten des Theaters werden aus Protestmärschen Prozessionen, aus Versammlungen Inszenierungen. In Österreich herrscht etwa bei Demonstrationen ein Vermummungsverbot, für theatrale Aktionen im öffentlichen Raum dürfen jedoch Masken verwendet werden. Damit erfüllt das Theater einen zusätzlichen Zweck. Die Veränderung der Gesellschaft bedarf einer über einzelne Aktionen hinausgehenden Anstrengung. Das Legislative Theater bedeutet eine kontinuierliche Fortsetzung der „Direkten Akionen“. Für die indische Theaterbewegung „Jana Sanskriti“ ist es selbstverständlich, dass sie nach den Auftritten in Dörfern zu Themen wie Bildung, Zwangsheirat, Kastenwesen, Unterdrückung der Frauen in den Dörfern bleiben und mit den Menschen weiterarbeiten. Das ist Teil ihres Theaters.[180] Die Zusammenarbeit mit Gleichgesinnten aus der Sozi-

---

[179] „Die Madres de la Plaza de Mayo halten immer noch Ausschau nach ihren vermissten Kindern. Jeden Donnerstag zu Mittag gehen sie im Kreis (welch ein grausames Symbol!) und zeigen Fotos, reden über ihre Kinder als ob diese noch am Leben wären und noch vor Einbruch der Nacht nach Hause kämen. Zwölf Uhr mittags, jeden Donnerstag, drehen sie ihre Runden… und finden ihre Kinder nicht. In Buenos Aires und in vielen anderen Städten, in Argentinien und anderen Ländern halten die Mütter des Mais noch immer Ausschau nach ihren vermissten und geliebten Kindern… […] Sollen die Mütter des Mais Terroristen werden wie jene, die ihre Kinder umbrachten? Sollen die Mütter des Mais Granaten statt der Fotos und Bomben statt der Blumen tragen?“ Augusto Boal: „Talion bedeutet Urteil, nicht Rache“, in: *Krieg ist nicht die Antwort. Texte zu den Ereignissen vom 11. September 2001 und danach*. (*Position, What's up* Nr. 50) Hrsg.: Grüne Akademie, Graz, 2001. S. 5. Die zentrale Frage darin lautet, ob es gerecht ist, den Tätern dieselbe Gewalt anzutun, die diese ausgeübt haben.

[180] Augusto Boal: *The Aesthetics of the Oppressed*, London, New York, 2006, S. 51.

alarbeit, der Justiz, der Politik, NGOs und das Knüpfen von sozialen Netzen sind tragende Elemente der Bewegung des TdUs. Sie verstärken die direkte Verbindung zwischen Theater und Lebensrealität. So wie das TdU nicht an ein Gebäude gebunden ist, so bleibt es auch nicht auf Workshops, Proben und Aufführungen beschränkt.

> „In truth, a session of Theatre of the Oppressed has no end, because everything which happens in it must extend to life. Theatre shall never end!“[181]

3.6 Der Joker

Der Rolle des Jokers[182] kommt innerhalb des TdUs eine besondere Bedeutung zu. Sie nimmt eine zentrale Position ein und stellt unabhängig von der gewählten Methode eine außergewöhnliche und reizvolle Herausforderung dar. Die Rolle muss, wie jede andere Rolle, sorgfältig erarbeitet werden.
Erstmals experimentierte Boal mit der Rolle eines Jokers lange vor der Entwicklung des TdUs in der Produktion *Arena conta Zumbi*. Die Idee eines Vermittlers bzw. einer Vermittlerin zwischen Bühnengeschehen und Publikum gibt es in verschiedenen Theatertraditionen, aber für das Teatro de Arena war diese Figur die Repräsentation ihrer selbst als Kollektiv. Innerhalb des Stückes spielten alle Spielerinnen und Spieler alle Rollen, nur der Joker (brasilianisch: Curinga) wurde immer vom gleichen Spieler gespielt. Er war Zeremonienmeister, führte live Regie, erklärte versteckte Botschaften, und er konnte, wenn

[181] „In Wahrheit hört eine Veranstaltung des Theaters der Unterdrücken nie auf, denn alles was sich darin abspielt muss sich auf das Leben ausdehnen. Theater soll nie aufhören!“ Augusto Boal: *Games for Actors and Non-Actors*, London, New York, 2002, S. 276.

[182] Ich verwende den Begriff „Joker“ sowohl für Frauen als auch für Männer. Es gibt weibliche und männliche Joker.

nötig, auch alle anderen Rollen übernehmen. Im Lauf der Entwicklung wurde die Rolle erweitert. Der Joker führte Interviews mit den Charakteren, stellte Bezüge über die Grenzen des Raums und der Zeit hinaus her. Er war ein*e Bürger*in der Jetztzeit mit Wissen über das Stück, seine Geschichte und seine Bedeutung für die Zukunft.[183] Von dieser Vielfalt an Funktionen kommt auch der Name: In einem Kartenspiel kann der Joker alle Funktionen übernehmen. Diese Funktion entwickelte sich im System des TdUs weiter und deckt inzwischen ein sehr breites Spektrum an Aufgaben ab[184]: Facilitation[185], Workshopleitung, BegLeitung, Mediation, Moderation, Animation, Provokation, Aktivierung, Spiegel, Improvisation, Schauspiel, Prisma, Stimulation, Prozess- und Produktionsleitung, Pädagogik, Ästhetik, Analyse usw.

> „The Joker should be able to act as actor/actress, run a play of Forum Theatre, facilitate workshops and courses in TO, write and/or coordinate the collective production of theatrical texts, conceive the play's aesthetic and be a master of ceremonies at the Forum Session, stimulating the dialogue between ‚spect-actors' and the audience."[186]

---

[183] Augusto Boal: *Hamlet and the Baker's Son*, London, New York, 2001, S. 242-248.

[184] Die folgende Aufzählung setzt sich aus Funktionen zusammen, die von Augusto Boal, Bárbara Santos, David Diamond und vom Autor stammen.

[185] Der Begriff „Faciliator" beinhaltet die lateinische Wurzel „facil", was ihm die Bedeutung von „erleichtern oder fördern" verleiht. Ein Facilitator ist jemand, der/die etwas ermöglicht. Analog dazu hat Boal den Neologismus „difficultator" gebildet, der jemanden bezeichnet, der/die es den Teilnehmer*innen „nicht leicht macht" und Hindernisse im Sinne von Herausforderungen in den Weg stellt, damit es nicht zu einfach wird.

[186] „Der Joker muss in der Lage sein, als Schauspieler*in zu agieren, ein Forumtheaterstück zu leiten, Theater-der-Unterdrückten-Workshops und -Kurse anzuleiten, eine kollektive Produktion und Theatertexte zu erstellen und zu koordinieren, die Ästhetik des Stückes zu konzipieren und zu erfassen, der/die Zeremonienmeister*in (Spielleiter*in) der Auf-

Für Bárbara Santos ist der Joker im TdU ein*e Künstler*in mit pädagogischen und politischen Funktionen, der den Menschen hilft, zu einem besseren Verständnis ihrer selbst und ihrer Situation zu kommen, der/die eine Analyse von Problemen und Ausdrucksformen von Ideen und Emotionen ermöglicht, sowie mit den Menschen auf die Suche nach Alternativen geht. Dazu sind Kenntnisse über die Mannigfaltigkeit der Menschen und des Lebens, sowie Wissen und Können in Bezug auf Theater, Volkskultur, Pädagogik, Politik, Psychologie, Gruppendynamik und die nötige Sensibilität gefordert. Der Joker braucht nicht die Antworten zu kennen, sollte aber in der Lage sein, jene Fragen zu stellen, die das Auftauchen von Alternativen stimuliert. Dabei muss jede Person ihren eigenen Stil finden und gleichzeitig die humanistischen, pädagogischen und demokratischen Grundlagen des TdUs im Auge behalten. Der Joker muss vor allem im Umgang mit Teilnehmer*innen, Zuschauer*innen und Schauspieler*innen die Grundwerte des TdUs beachten und sich immer wieder selbst fragen: Bin ich demokratisch im besten Sinn? Bin ich respektvoll den anderen gegenüber? Bin ich wertschätzend, ermutigend, inspirierend, freundlich und an Dialog und Austausch interessiert? Vor allem dies ist eine Frage der Kommunikation mit sich selbst. Habe ich Respekt vor mir selbst für die Arbeit, die ich mache? Bin ich neugierig auf mich selbst und fähig mich selbst zu überraschen? Dann kann ich in der Arbeit mit anderen und von anderen lernen und für Angebote offen bleiben. Und umgekehrt besteht die Hoffnung, dass meine Angebote angenommen werden. Der Joker muss einerseits auf die Einhaltung der Regeln achten und andererseits ständig Rücksprache mit den spect-actors halten, ob die Regeln ihren Anliegen dienlich sind

---

führung zu sein und den Dialog zwischen spect-actors und Publikum zu stimulieren." Bárbara Santos: „Who is the Joker?" in: *Under Pressure*, Year 2, Number 7, August 2001, veröffentlicht auf: www.theatreoftheoppressed.org (30. Juni 2009, nicht mehr online).

oder abgeändert werden müssen, um der Situation gerecht zu werden. Laut Boal darf der Joker keine Entscheidungen treffen und keine eigenen Schlüsse ziehen. Ob ein Vorschlag eines spect-actors „magic" ist oder realisierbar, angemessen oder unangemessen, entscheidet das Publikum. Ebenso, ob eine Intervention erfolgreich war oder nicht.[187] Er/Sie darf nicht manipulieren und das Publikum auf ein gewisses Ziel hinlenken, sondern muss fragen: Wo wollt ihr hin? Bei einer Aufführung ist es unumgänglich, dass der Joker in seiner Rolle präsent bleibt. Die Präsenz, die von Schauspieler*innen auf der Bühne gefordert wird, braucht es für die Rolle des Jokers erst recht. Er darf sich nicht zurücklehnen, sich unters Publikum mischen, persönliche Zweifel oder Unsicherheiten durchscheinen lassen oder gar orientierungslos wirken.[188] Er muss seine Rolle in aller Klarheit erfüllen.

3.7 Die Praxis der letzten Jahre

In den zehn Jahren nach Ablauf des Projektes, das durch die Ford-Stiftung finanziert wurde, bis zum Tod Boals, hat sich die Arbeit des CTO-Rio vor allem auf vier Bereiche konzentriert:

1) Theater in der Bildungsarbeit: Im Konzept der „Escola Aberta" (Offene Schule) fand das TdU seinen festen Platz und trägt zur Verbesserung der inneren Kommunikation in den Schulen bei und zur Stärkung der Kommunikation nach außen. Das Konzept wurde vom brasilianischen Erziehungsministerium getragen und fand landesweit in beinahe 2000 öffentlichen Schulen Anwendung.[189]

---

[187] Augusto Boal: *Games for Actors and Non-Actors*, London, New York, 2002, S. 261.
[188] Ebd., S. 261.
[189] S. dazu *Metaxis, Teatro do Oprimido nas Escolas*, Rio de Janeiro, 2007.

2) Theater in Gefängnissen: „Metaphorisch gesprochen wurde das Theater der Unterdrückten im Gefängnis geboren.“[190] Boals Erfahrung nach sind Gefängnisinsassen zwar gefangen im Raum aber frei in der Zeit. Das TdU in Gefängnissen sucht nach friedlichen Auswegen aus der traditionellen Feindschaft zwischen Aufsehern, Wachpersonal und Gefangenen, bezieht Familienangehörige und die Nachbarschaft mit ein und versucht einen „Freiraum“ innerhalb der Gefängnismauern zu kreieren.[191]

3) Theater im Bereich psychischer Gesundheit: In einem Interview in der Tageszeitung „Salzburger Nachrichten“ sagte Augusto Boal, dass in Rio durch die Arbeit mit dem TdU in psychiatrischen Kliniken 80 % weniger Medikamente für die Patienten nötig wären.[192] Der Versuch geht dahin, die Verrücktheit des Theaters zu nutzen und so den „pathologischen Wahnsinn durch den Wahnsinn der Kunst einzudämmen“ [193].

4) Theater in Kulturzentren: Boals größte Ambition war es, allen Menschen die Kunst des Theaters zugänglich zu machen und ihnen unabhängig von allen Trennlinien der Gesellschaft die Möglichkeit zu geben, sich aktiv künstlerisch mit politischen, sozialen und persönlichen Fragen auseinanderzusetzen.

Augusto Boal selbst war unermüdlich in der Sache des Theaters unterwegs, hielt Vorträge, gab Workshops, schrieb Bücher und Artikel und galt als Galionsfigur einer Bewegung, die sich

---

[190] Augusto Boal: *Hamlet and the Baker's Son*, London, New York, S. 298.

[191] S. Augusto Boal: *The Aestetics of the Oppressed*, London, New York, 2006, S. 103 ff.

[192] *Salzburger Nachrichten*, 9. April 2008.

[193] Aus einer Aussendung des CTO-Rio anlässlich der Nominierung Boals für den Friedensnobelpreis 2008.

über die gesamte Welt verbreitet hatte.[194] Besonders stark ist die Bewegung in Indien, wo, ausgehend von Kolkata (Kalkutta), unter dem Namen „Jana Sanskriti"[195] 30 Theatergruppen im Einsatz sind. In ihrem Repertoire sind nicht nur Forumtheaterstücke zu Frauenrechtsfragen oder der Alkoholproblematik, sie gewährleisten konkrete politische und soziale Vor- und Nachbereitung. In einem anderen Teil der Welt hat es „Headlines Theatre"[196] in Vancouver geschafft, sich sowohl künstlerisch als auch sozialpolitisch zu etablieren und mit Forumtheater-Projekten zu den Themen Sucht, Straßengewalt, Obdachlosigkeit, Straßenkinder, Schülerselbstmorde und der Situation der indigenen Bevölkerung konkrete Strategien im Umgang mit diesen Fragen ins Leben zu rufen. Die Forumtheater-Produktion „Practicing Democracy", ein legislatives Theaterprojekt, das sich dem Thema Armutsbekämpfung widmete und mit Betroffenen realisiert wurde, gewann 2004 zwei Preise von Seiten des professionellen Theaters.[197] In Afrika arbeiten zahlreiche Gruppen zur AIDS-Problematik und Armutsfragen. In Israel und Palästina gibt es Gruppen die für beide Seiten nach friedlichen Wegen des Zusammenlebens suchen. Zudem gibt es Gruppen in anderen Konfliktzonen wie dem Sudan, in

---

[194] Die Homepage www.theatreoftheoppressed.org gab Auskunft über Hunderte von Gruppen, Projekten und Praktizierende quer über den Globus verteilt. Da es die Homepage nicht mehr gibt, bleibt nur, selbst zu recherchieren.

[195] https://janasanskriti.org (03.01.2023)

[196] David Diamond, der künstlerische Leiter von „Headlines Theatre", verabschiedete sich davon, „Theater der Unterdrückten" zu machen, weil er aus systemischer Sicht und auf Bitte von Mitgliedern einer First Nation, keine Trennung in Unterdrücker und Unterdrückte mehr machen wollte. Er wählte für Boals und seine eigenen Methoden den Überbegriff „Theatre for Living", später benannte er auch „Headlines Theatre" in „Theatre for Living" um. Vgl. David Diamond: *Theatre for Living*, Victoria (BC), Oxford, 2007, S. 38 ff.

[197] Der „Special Artistic Achievement Award" wurde für „demonstrating the power of theatre in the community" verliehen. Der andere Preis für „outstanding production". Ebd., S. 71.

Nordirland oder in Nepal. Besondere Wahrnehmung erfuhren auch die „Cardboard Citizens“ in London, die für ihre herausragende Arbeit die Oscar®-Preisträgerin Kate Winslet als Botschafterin gewinnen konnten. In Europa gibt es nahezu überall Initiativen und Gruppen, die mit den Methoden des TdUs in diversen Feldern arbeiten, in Schulen, in der Sozialarbeit, in NGOs von Amnesty International bis zu ATTAC, in Gefängnissen, mit Sexarbeiterinnen, Arbeitslosen, Zuwanderern, im psychiatrischen Bereich und an Universitäten. Dasselbe gilt für die USA, Australien und Ozeanien, die Karibik und Mittel- und Südamerika. Und immer noch entwickelt sich das Theater der Unterdrückten weiter, Projekte und Gruppen entstehen und verschwinden auch wieder, die Methoden werden adaptiert und mit anderen vermengt, manches gelingt, anderes nicht und wie in vielen anderen „Schulen“ gibt es auch die Tendenz zur Bewahrung der „reinen Lehre“, was auch immer das sein soll. Augusto Boal war – wie das Theater selbst – mehrdeutig und widersprüchlich. Es gab und gibt kein Copyright und keine geschützte Marke und keinen Patentschutz. Und ich finde das gut so.

4. Wer war Augusto Boal?

Dieses Kapitel bündelt Aussagen von und über Augusto Boal, die seine Person und sein Schaffen nochmals von anderer Seite beleuchten.

Beschreibung anlässlich Boals 77. Geburtstages 2008[198]

„Augusto Boal ist ein in sich stimmiges Gesamtkunstwerk. Sein ganzes Leben hat er der Suche nach Frieden gewidmet, einem aktiven Frieden (Peace, not Passivity!). Frieden kann nur durch das Ende jeder Form von Unterdrückung erreicht werden.

Augusto Boal hat als Künstler und Gelehrter des Theaters seit 1956 junge Schauspieler, Regisseure und Autoren unterrichtet, um Theaterformen zu entwickeln, die es ermöglichen das wahre Gesicht des brasilianischen Volkes zu enthüllen: unsere Identität im Angesicht der Pluralität unserer Herkunft mit Respekt für unsere Unterschiedlichkeiten, die ein Teil unseres Selbst sind. Inhaftiert und 1971 aus seinem Land verbannt, begann Augusto Boal sein Hauptwerk, das Theater der Unterdrückten. Er entwickelte Techniken, um allen Unterdrückten das Recht auf Gehör einzuräumen und sie in ihren Rechten als vollwertige Bürger zu stärken. ‚Um ein Bürger zu sein, reicht es nicht in einer Gesellschaft zu leben, es ist notwendig sie auch zu verändern!', so sagt er. Er schrieb über 20 Bücher, die in mehr als 25 Sprachen veröffentlicht wurden. Weit mehr als 30 Bücher über seine Methoden, die die Humanisierung der Menschheit zum Ziel haben, wurden von anderen Autoren in verschiedenen Sprachen, veröffentlicht. Augusto Boal versuchte immer mit Menschen zu arbeiten, die seine Ideen weitertra-

---

[198] Der folgende Text über Boal wurde vom CTO-Rio, anlässlich der Nominierung für den Friedensnobelpreis 2008 per Mail versendet. Übersetzung aus dem Englischen durch den Autor.

gen und nicht nur konsumieren, ‚denn nur die, die lernen, können lehren und nur die, die lehren, können wirklich lernen. Etwas weiterzugeben ist der erste Schritt der Solidarität!' – das sind die grundlegenden Prinzipien seiner Pädagogik, seiner Kunst und seiner Ethik.

Heute, am Tag seines 77. Geburtstags, hegt und pflegt er immer noch den Baum des Theaters der Unterdrückten, mit seiner beachtlichen Anzahl an Ästen: Zeitungstheater, Bildertheater, Forumtheater, Unsichtbares Theater, Legislatives Theater, Regenbogen der Wünsche – Übungen und Spiele.

Vor kurzem, unterstützt von zahlreichen Gruppen weltweit, entwickelte Augusto Boal die Ästhetik der Unterdrückten, aufgebaut auf der Idee, dass alle Männer und Frauen geborene Künstler*innen sind: ‚Das gefühlvolle Denken der Gefühle geht dem symbolischen Denken der Worte voraus – wir sind alle Künstler*innen!'

Das ist Augusto Boal: ein in sich stimmiges Gesamtkunstwerk."

(CTO-Rio, Rio de Janeiro, December 21st, 2007)

Nachrufe auf Augusto Boal[199]

Am 2. Mai 2009 ist Augusto Boal im Alter von 78 Jahren an Leukämie verstorben. Augenblicklich gingen mehrere Schreiben aus der ganzen Welt durch die E-Mail-Verteiler und auf der Homepage der ITO füllte sich ein virtuelles Kondolenzbuch mit Einträgen aus aller Welt.

So schrieb Bárbara Santos vom CTO-Rio: „Unser geliebter Freund Augusto Boal, der auf seinen vielen Reisen durch die Welt unermüdlich den Samen des Theaters der Unterdrückten verstreute, hat sich auf eine weitere Reise begeben. Er ist in den frühen Morgenstunden des 2. Mai 2009 aufgebrochen.

[199] http://spectact.at/files/articles/projekte/Nachrufe_auf_Augusto _Boal.pdf (18. Januar 2023), auf www.theatreoftheoppressed.org gab es ein virtuelles Kondolenzbuch. Die Seite ist nicht mehr online.

Am 1. Mai war er noch bei uns geblieben, solidarisch mit allen Arbeiterinnen und Arbeitern, die für eine gerechtere, solidarischere und glücklichere Welt kämpfen. Er ist zu dieser besonderen Reise aufgebrochen und wird bei keiner Veranstaltung mehr präsent sein. Aber, wie es seine Art war, hat er bis zum letzten Moment gelebt, geliebt und gearbeitet und das Buch ‚Die Ästhetik der Unterdrückten'[200] hinterlassen. Ausdrücklich hat er auch hinterlassen, dass keine Veranstaltung wegen seiner Abwesenheit abgesagt werden sollte: […] Cecília Boal, mit aller Kraft und Lebendigkeit, schrie in alle Himmelsrichtungen, dass ihr Mann als der erinnert werden sollte, der er immer war: ein Kämpfer. Wir trockneten unsere Tränen und applaudierten der Abreise von Boal. Sein Körper ist gegangen, seine Präsenz bleibt. […] Es lebe Augusto Boal! Wir machen weiter."[201]

Und David Diamond, von „Headlines Theatre" in Vancouver, schrieb: „[…] Boals leidenschaftlicher theatraler Geist und sein kompromissloses Bekenntnis zu den Menschenrechten verbreiteten, in Kombination mit einem ansteckenden Sinn für das Spiel, die Ideen und Praktiken des TdUs in der Welt. Boal hinterlässt ein reiches Erbe an Innovationen im Theater, im sozialen Aktivismus, Bücher, Artikel und inspirierte Herzen und Köpfe."[202]

Der Übersetzer der Bücher Boals ins Englische, Adrian Jackson schrieb: „‚Kommt näher!', würde er sagen. ‚Kommt näher!' Jetzt ist er weiter weg als jemals zuvor – und dennoch fühlen wir uns ihm vielleicht näher als jemals zuvor. Der größte Joker hat die Bühne verlassen. […] Es war mein Privileg seine Bücher zu übersetzen – aber für diesen Moment hat er mir keine Textvorlage vorbereitet. Die Welt ist ärmer ohne ihn. Er hat

---

[200] Eine erweiterte Fassung zu der bereits auf in englischer Sprache erschienenen.

[201] 4. Mai 2009 (übersetzt von Till Baumann), hier in einer gekürzten Fassung wiedergegeben.

[202] Übersetzung durch den Autor.

das Leben Tausender berührt, vielleicht von Millionen von Menschen. Er hat uns eine Erfindung, eine Entdeckung gegeben, das Theater der Unterdrückten, das uns hilft der Welt einen Sinn zu geben, […] Der Trost ist, dass seine Arbeit fortleben und weiter wachsen wird. […]"[203]

Und in einer gemeinsamen Aussendung würdigte die ARGE Forumtheater Österreich Augusto Boal als Theaterschaffenden, Lehrer, Künstler und politischen Menschen. „[Wir] waren ihm freundschaftlich verbunden. Die Begegnungen mit ihm und seiner Arbeit waren wichtige Inspirationsquellen für die Entwicklung und Praxis unserer künstlerischen und pädagogischen Arbeit. ‚Do it with passion!' ist einer seiner Sätze, gesprochen in einem der vielen Workshops, die er in Österreich gehalten hat. ‚With passion' hat er sich bis zuletzt für das Theater der Unterdrückten engagiert, Workshops gehalten, Diskussionen angeregt und sich eingebracht, an den theoretischen Grundlagen des TO gearbeitet und sich mit der Frage der internationalen Vernetzung der Community des Theaters der Unterdrückten auseinandergesetzt. Die Community ist mittlerweile ein weltweites Netz, in dem es viele spannende und eigenständige Entwicklungen gibt. Diese entstanden in vielfachem Austausch mit ihm und wurden von ihm inspiriert, begleitet und gefördert."[204]

---

[203] Übersetzung durch den Autor.

[204] Kollektiver Text nach einem Vorschlag von Michael Thonhauser.

Botschaft zum Welttheatertag 2009[205]

„Alle menschlichen Gesellschaften sind in ihrem Alltag ‚spektakulär'[206] und inszenieren zu bestimmten Anlässen *‚Spektakel'*. Gesellschaften sind als Organisationsform *‚spektakulär'* und sie produzieren *‚Spektakel'* wie jenes, das Sie sich gerade ansehen: den Alltag.

Auch wenn wir uns dessen nicht bewusstwerden, sind die Beziehungen der Menschen theatral strukturiert. Der Einsatz von Raum, Körpersprache, Wortwahl, die Modulation der Stimme, das Aufeinandertreffen von Ideen und Leidenschaften, alles, was wir auf der Bühne tun, tun wir auch im Leben: Wir *sind* Theater. Hochzeiten und Beerdigungen sind ‚Spektakel', aber auch die Alltagsrituale, die uns so vertraut sind, dass wir sie nicht mehr bewusst wahrnehmen. Große Pomp- und Prunkveranstaltungen, aber auch der Frühstückskaffee, der Austausch eines ‚guten Morgen', schüchterne Liebe und wilde Leidenschaft, eine Sitzung des Senats, eine Diplomatenkonferenz – alles ist Theater.

Eine der Hauptfunktionen unserer Kunst besteht darin, die Menschen für diese ‚Spektakel' des Alltags zu sensibilisieren, in denen die Akteure zugleich ihre eigenen Zuschauer sind, in denen Bühne und Zuschauerraum eins sind. Wir alle sind Künstler*innen! Indem wir Theater machen, lernen wir hinzuschauen, das Offensichtlich zu sehen, was normalerweise nicht mehr möglich ist, weil wir nur mehr flüchtig schauen. Was uns vertraut ist, wird unsichtbar für uns: Theater wirft Licht

[205] Der vom *International Theatre Institute* initiierte Welttheatertag findet seit 1961 jährlich am 27. März statt. Unter www.iti-worldwide.org findet sich eine Liste aller bisherigen Botschafter. Jedes Jahr wird eine Persönlichkeit des Theaters eingeladen, Gedanken zu den Themen Theater und Frieden zu formulieren. Boal erhielt diese Einladung kurz vor seinem Tod und wurde im Zuge dessen auch zum UNESCO-Botschafter des Theaters ernannt. Bereits 1994 hatte er von der UNESCO die Pablo-Picasso-Medaille verliehen bekommen. Deutsche Übersetzung durch den Autor und Marion Matuella.

[206] spectaculum (lat.): Schauspiel, Augenweide, Aufsehen erregend.

auf die Bühne unseres Alltags. Letzten September wurden wir durch eine theatrale Enthüllung überrascht. Wir, die wir dachten in einer sicheren Welt zu leben, trotz der Kriege und Völkermorde, trotz des Massensterbens und der Folterungen, die es zwar gibt, allerdings nur in fernen, wilden Ländern. Wir, die wir in Sicherheit lebten und unser Geld in die Hände angesehener Banken oder ehrbarer Börsenmakler legten, wurden eines Besseren belehrt: dieses Geld existierte gar nicht, es war virtuell, die Fiktion einiger ganz und gar nicht fiktiver Ökonomen, die ihres Zeichens weder glaubwürdig noch seriös sind. Das alles war schlechtes Theater mit einer düsteren Handlung, in dem sehr wenige Menschen sehr viel gewonnen und sehr viele Menschen alles verloren haben. Politiker wohlhabender Länder hielten geheime Sitzungen ab, wo sie auf magische Lösungen kamen. Und wir, die wir den Entscheidungen dieser Politiker zum Opfer fielen, sitzen immer noch als Zuschauer in den hintersten Reihen des letzten Ranges. Vor zwanzig Jahren inszenierte ich in Rio de Janeiro ‚Phaedra' von Jean Racine. Das Bühnenbild war armselig: Kuhhäute am Boden und ringsherum Bambus. Vor jeder Vorstellung pflegte ich meinen Schauspielern zu sagen: ‚Die Fiktion, die wir Tag für Tag erschaffen, ist zu Ende. Wenn ihr durch die Umzäunung aus Bambus geht, dann hat niemand mehr von euch das Recht zu lügen. Theater ist verborgene Wahrheit.'

Wenn wir hinter die Kulissen schauen, sehen wir Unterdrücker und Unterdrückte, in jeder Gesellschaft, in jedem Volk, bei den Geschlechtern, in jeder Klasse und Kaste. Wir sehen eine ungerechte, grausame Welt. Wir müssen eine andere erschaffen, denn wir wissen, dass eine andere Welt möglich ist. Es liegt an uns, eine solche Welt mit eigenen Händen zu bauen, indem wir zu Akteuren auf der Bühne und in unserm eigenen Leben werden.

Beteiligt euch an dem ‚Spektakel', das jetzt beginnt, und sobald ihr nach Hause kommt, spielt mit euren Freunden eure

eigenen Stücke und schaut genau auf das, was euch bisher verborgen blieb: das Offensichtliche. Theater ist nicht nur eine Veranstaltung, es ist eine Lebensform!
Wir alle sind Schauspieler und Akteure. Bürger zu sein, bedeutet nicht, in einer Gesellschaft zu leben, es heißt sie zu verändern!“

14.02.2009 Augusto Boal

Schluss

Ich merke in meinem eigenen Leben wie sehr mich das TdU beeinflusst hat. Gleichzeitig kann ich nicht mehr unterscheiden zwischen dem, was durch das TdU gekommen ist und dem, was woanders herkam. Das ist gut so. Diese Einführung musste viel aussparen, sie sparte an kritischen Anmerkungen und v. a. an Querverbindungen, die das TdU zu anderen Disziplinen, Philosophien, Theaterschulen und politischen Theorien ermöglicht. Das TdU ist offen, in erster Linie für die Menschen. Das gefällt mir. Überall geht es zu, in der kleinen und in der großen Welt und zwischen den Menschen. Und allzu oft geht es sehr ernst zu. Was ich am Theater liebe, ist, dass es dort auf geht! Mir geht ein Licht auf, mir gehen die Augen und die Ohren auf. Mir geht das Herz auf.

> „We are dreaming, it's true, and our dream is a dream. But, if we dream today, it is because now we have the right to dream the true dream: today it is not forbidden to dream: it is possible to dream. To dream… is not to dream. Let's dream!“[207]

[207] „Wir träumen, es ist wahr, und unser Traum ist ein Traum. Aber wenn wir heute träumen, dann weil wir jetzt das Recht haben, den wahren Traum zu träumen. Heute ist es nicht verboten zu träumen. Es ist möglich zu träumen. Zu träumen… bedeutet nicht zu träumen. Lasst uns träumen!“ Augusto Boal: „An Investiture as Culture“, Aufsatz anlässlich der Wahl Lulas zum Präsidenten Brasiliens, E-Mail-Dokument, 2002.

5. Literaturverzeichnis

5.1 Originalliteratur von Augusto Boal

Deutsch:
Theater der Unterdrückten, Übungen und Spiele für Schauspieler und Nicht-Schauspieler, Frankfurt am Main, 1989 (unveränderter Nachdruck 2009)

Übungen und Spiele für Schauspieler und Nicht-Schauspieler (hrsg. und übersetzt von Till Baumann), Frankfurt am Main, 2013

Der Regenbogen der Wünsche, Methoden aus Theater und Therapie, Seelze (Velber), 1999 (Neuauflage: Uckerland, 2006)

Hamlet und der Sohn des Bäckers (übersetzt von Birgit Fritz und Elvira M. Gross), Wien, 2013.

Mit der Faust ins offene Messer, Frankfurt am Main, 1990.
Dieses Buch enthält auch den Brief „Heimatloser Indio" (März 1981) von Augusto Boal an Henry Thorau, in dem Boal über das Verhältnis Europa/USA – Lateinamerika sinniert. „In Lateinamerika wird der Kulturimport als Kultur assimiliert; hier wird die aus Chile importierte Kultur als ‚Folklore' aufgenommen. […] so schwächt der französische Kulturbetrieb die Wirkung der Ausländer ab, indem er ihnen das abgesteckte Terrain der Folklore als Reservat zuweist." (S. 88)

Englisch:
The Aestetics of the Oppressed, London, New York, 2006

Games for Actors and Non-Actors, Second Edition, London, New York, 2002

Hamlet and the Baker's Son. My Life in Theatre and Politics, London, New York, 2001

Legislative Theatre. Using performance to make politics, London, New York, 1998

The Rainbow of Desire. The Boal Method of Theatre and Therapy, London, New York, 1995

Theatre of the Oppressed, London, 1979

Französisch:
Théâtre de l'opprimé, Paris, 2006

Jeux pour acteurs et non-acteurs. Pratique du Théâtre de l'opprimé, Paris, 2004

L'arc en ciel du désir. Du théâtre expérimental à la thérapie, Paris, 2002

Méthode Boal de théâtre et de thérapie – l'arc en ciel du désir, Paris, 1990

Stop! C'est magique, Paris, 1980

Portugiesisch (Brasilianisch):
(zusätzlich zu den Büchern über das TdU)
Aqui Ninguém é Burro! (*Keiner hier ist ein Esel*), Rio de Janeiro, 1996 (Anm.: erschienen in: *Legislative Theatre*, London, New York, 1998, S. 125- 207)

Boal schildert darin seine Erlebnisse als Abgeordneter des Stadtparlaments mit der Absicht dadurch allgemein über Rio, Brasilien und die conditio humana zu sprechen.

O Suicida com Medo da Morte. (*Der Selbstmörder mit Angst vor dem Tod*), Rio de Janeiro, 1992 (Roman)

O Corsário do Rei. (*Korsar des Königs*), Rio de Janeiro, 1986 (Theaterstück), Musik von Edu Lobo, Text von Chico Buarque.

Teatro de Augusto Boal. Vol. 1. São Paulo, 1986 (Stückesammlung)
Teatro de Augusto Boal. Vol. 2. São Paulo, 1986 (Stückesammlung)
Milagre no Brasil. (*Wunder in Brasilien*), Rio de Janeiro, 1979 (Roman): Die Geschichte handelt vom Überleben in einer Diktatur.

Crônicas de Nuestra América. (*Geschichten aus unserem Amerika*), Rio de Janeiro, 1977

A Deliciosa e Sangrenta Aventura Latina de Jane Spitfire, (*Die genüsslichen und blutrünstigen lateinamerikanischen Abenteuer der Jane Spitfire*), Rio de Janeiro, 1977 (2003), (Roman)
1976 zum ersten Mal im *Pasquim* (Wochenschrift, 1969-1991, gegründet in Opposition zur Militärdiktatur) erschienen. Boal verspottet die Sprache dieses Genres, indem er die sinnliche Spionin Jane Spitfire verwendet, um den nordamerikanischen Imperialismus zu kritisieren. In ihrer wichtigsten Mission soll sie Happilandia, ein lateinamerikanisches Land, zerstören, das aufgrund der Lebensfreude seiner Einwohner eine Bedrohung für die Yankees geworden ist.

5.2 Zeitschriften des CTO-Rio

Metaxis. The Theatre of the Oppressed Review, Number 1, Rio de Janeiro, 2001 (in portugiesischer und englischer Sprache)

Metaxis. The Theatre of the Oppressed Review, Number 2, Rio de Janeiro, 2002 (in portugiesischer und englischer Sprache)

Artikel über das TdU von Praktikerinnen und Praktikern aus aller Welt, über Einsatzgebiete und Erfahrungen.

Metaxis. Teatro do Oprimido nas Escolas, Número 3, Rio de Janeiro, 2007 (in brasilianisch-portugiesischer Sprache)

Die dritte Ausgabe setzt den Schwerpunkt auf das TdU in Schulen in Brasilien.

Das CÉDITADE in Paris gab bereits 1984 eine Schrift mit dem Titel *Metaxis n°1* heraus.

5.3 Verwendete und weiterführende Literatur

Adler, Heidrun (Hrsg.): *Theater in Lateinamerika. Ein Handbuch*, Berlin, 1991

Axter, Melanie: *Das Theater der Unterdrückten Augusto Boals und seine Präsentation in der Gegenwart*, Stuttgart, 2001

Babbage, Frances: *Augusto Boal*, London, New York, 2004

Bidlo, Tanja: *Theaterpädagogik*, Essen, 2006

Baumann, Till: *Von der Politisierung des Theaters zur Theatralisierung der Politik. Theater der Unterdrückten in Rio de Janeiro der 90er Jahre*, Stuttgart, 2001

Lebendige Schilderung des Legislativen Theaters mit Schwerpunkt auf zwei Projekte, den „Marias do Brasil“ und „Panela de Opressão“. Zahlreiche Interviews und Originalmaterial. Der Autor arbeitete und recherchierte 1999 für drei Monate im CTO-Rio.

Clausen, Jens/Hahn, Harald/Runge, Markus (Hrsg.): *Das Kieztheater. Forum und Kommunikation für den Stadtteil.* Band 4 der Berliner Schriften zum Theater der Unterdrückten (hrsg. von Harald Hahn). Stuttgart, 2009

Cohen-Cruz, Jan/Schutzman, Mady (Eds.): *Playing Boal. Theatre, Therapy, Activism.* London and New York, 1995

Cohen-Cruz, Jan/Schutzman, Mady (Eds.): *A Boal Companion. Dialogues and theatre and cultural politics.* London and New York, 2006

Cronin, Bernadette u. a. (Hrsg.): *Training Manual for Theatre Work in Social Fields*, Frankfurt am Main, 2005 (vgl. Koch, Gerd u. a. (Hrsg.): *Theaterarbeit in sozialen Feldern / Theatrework in Social Fields.*)

Dalhoff, Maria: *Zur (Un-)Möglichkeit von Widerstand gegen Unterdrückung und Herrschaft. Ein Vergleich des Theaters der Unterdrückten mit Ansätzen herrschaftsfreier Bildung*, Wien, Berlin, Münster, 2011

Diamond, David: *Theater zum Leben. Über die Kunst und die Wissenschaft des Dialogs in Gemeinwesen* (übersetzt von Armin Staffler), Stuttgart, 2013

Der Weg vom „Theatre of the Oppressed“ hin zu einem „Theatre for Living“. Diamond schildert seinen praktischen und gedanklichen Weg von den Wurzeln bei Paulo Freire und Augusto Boal zu den notwendigen Adaptierungen im heutigen Westen Kanadas und der westlichen Welt vor dem Hintergrund der Systemtheorie Fritjos Capras. Zahlreiche Praxisbeispiele aus der Arbeit v. a. mit indigenen Völkern.

Dirnstorfer, Anne: *Forumtheater in den Straßen Nepals, Emanzipation jenseits des Entwicklungsdiskurses*, Stuttgart, 2006

Feldhendler, Daniel: *Psychodrama und Theater der Unterdrückten*, Frankfurt am Main, 1992
Beschreibt anschaulich die Überschneidungen und Unterschiede in der Philosophie und Praxis des Psychodramas nach Jacob Levy Moreno und des TdUs nach Augusto Boal.

Freire, Paulo: *Pädagogik der Unterdrückten*, Stuttgart, Berlin, 1972

Freud, Sigmund: *Fragen der Gesellschaft /Ursprünge der Religion*. Studienausgabe Band IX, Frankfurt am Main, 1974

Fritz, Birgit: *InExActArt. Ein Handbuch zur Praxis des Theaters der Unterdrückten*, Stuttgart, 2011

Fritz, Birgit: *Von Revolution zu Autopoiese. Auf den Spuren Augusto Boals ins 21. Jahrhundert. Das Theater der Unterdrückten im Kontext von Friedensarbeit und einer Ästhetik der Wahrnehmung*. Stuttgart, 2013

Ganguly, Sanjoy: *Forumtheater und Demokratie in Indien*, Herausgegeben und übersetzt von Birgit Fritz, Wien, 2011

Grüne Akademie (Hrsg.): *Krieg ist nicht die Antwort. Texte zu den Ereignissen vom 11. September 2001 und danach*. (*Position, What's up* Nr. 50), Graz, 2001

Hahn, Harald (Hrsg.): *Theater der Unterdrückten als Mosaikstück gesellschaftlichen Wandels. Einblicke, Ansichten und Projekte*, Stuttgart, 2018
Dieser Sammelband wirft Schlaglichter auf Aspekte des TdUs, einige Anwendungsbereiche sowie Weiter- und Darüberhinausführungen vom Herausgeber und namhaften sowie weniger bekannten (lesenswerten!) Autor*innen.

Hahn, Harald (Hrsg.): Berliner Schriften zum Theater der Unterdrückten. In dieser Reihe wurden bisher (Stand: 2023) 10 Bände publiziert.

https://www.ibidem.eu/de/reihen/kultur/berliner-schriften-zum-theater-der-unterdrueckten.html

Herzog, Sybille: *Augusto Boals Zentrum des Theaters der Unterdrückten in Paris, Theaterarbeit in der Erwachsenenbildung* (*Soziale Ungleichheit und Benachteiligung*, Bd. 8), Münster, 1997

Schilderung der französischen Zeit und Praxis Augusto Boals und die Arbeit des CTO-Paris, im Anhang eine ausführliche Liste von Artikeln in französischer Sprache.

Kempchen, Doris: *Wirklichkeiten erkennen, enttarnen, verändern. Dialog und Identitätsbildung im Theater der Unterdrückten*, Stuttgart, 2001

Theoretischer Teil über die Konzeption von Wirklichkeit und Fragen des Dialogs und der Identitätsbildung. Praktischer Teil mit Berichten über die Arbeit des CTOs-Rio Ende der 1990er-Jahre mit der Schilderung von Forumtheaterprojekten und der Dokumentation von Aufführungen.

Knitsch, Norbert und Gertrud Auge: *Die Kraft des Theaterspiels*, Leer, 2009

Theaterpädagogische Projekte in Peru, Kolumbien, Brasilien, Südafrika sowie in Bosnien/Sarajevo mit Kindern und Jugendlichen, Theaterarbeiten mit Straffälligen und mit den jungen Patienten der Kinder- und Jugendpsychiatrie, internationales Forumtheater mit Migrantinnen und Migranten.

Knitsch, Norbert: *Theater der Stille. Theaterpädagogik in der Kinder- und Jugendpsychiatrie*, Leer, 2002

Koch, Gerd und Marianne Streisand (Hrsg.): *Wörterbuch der Theaterpädagogik*, Berlin, 2003

Koch, Gerd u. a. (Hrsg.): *Theaterarbeit in sozialen Feldern / Theatre Work in Social Fields*, Frankfurt am Main, 2004

Sammlung von teils englischen, teils deutschen Aufsätzen zu theaterpädagogischen Grundsatzfragen, sowie verschiedenen Einsatzfeldern. So finden sich Beiträge zu Themen wie: Gesundheit, lebenslanges Lernen, Schauspieltheorie, Psychodrama, Aufführungspraxis, Kulturmanagement, Site Specific, Theatre in Education, Playback Theatre, Rollenspiel, Beispiele aus dem Puppentheater, der Arbeit mit Älteren, mit Menschen mit Behinderung, mit Migrantinnen und Migranten, psychisch Kranken, im Gefängnis, sowie der zitierte Beitrag von Mazzini/Wrentschur, der einen kompakten Einblick ins TdU gibt.

Neuroth, Simone: *Augusto Boals „Theater der Unterdrückten" in der pädagogischen Praxis*, Weinheim, 1994
Gibt einen Überblick über das TdU bis Anfang der 1990er-Jahre und stellt es in einen (theater)theoretischen, historischen und pädagogischen Zusammenhang. Die Autorin geht auf ästhetische Theorien, Brecht, Stanislawski, Grotowski, Freire u. a. ein. Schwerpunkt auf Erwachsenenbildung.

Nix, Christoph/Sachser, Dietmar/Streisand, Marianne: T*heaterpädagogik*. Lektionen 5, Berlin, 2012

Odierna, Simone und Fritz Letsch (Hrsg.): *Theater macht Politik. Forumtheater nach Augusto Boal. Ein Werkstattbuch*, Gauting, 2006
Dieses Buch versammelt Aufsätze zur Theorie des TdUs (u. a. Gitta Martens, Norbert Knitsch), über den Bezug zur Schule (u. a. Jürgen Weintz), über Praxisprojekte in der Gemeinwesenarbeit v. a. aus Wien (u. a. Lisa Kolb-Mzalouet, Birgit Fritz, Michael Thonhauser), über die Kriminalprävention (u. a. Till Baumann) und Schilderungen von Langzeitprojekten (u. a. Legislatives Theater mit Jugendlichen in Niederösterreich), sowie ein Protokoll eines Workshops mit Augusto Boal von 1995 und weitere Workshopbeispiele.

Odierna, Simone und Janina Woll (Hrsg.): *Visionen der Veränderung. Forumtheater nach Augusto Boal. Theorie, Entwicklungen, aktuelle Positionen und Perspektiven.* Neu-Ulm, 2021

Auch dieser Sammelband vereint Beiträge namhafter Autor*innen. Generelle Überlegungen und praktische Beispiele aus der Kinder- und Jugendarbeit, der Arbeit im Strafvollzug, zu Legislativem Theater, zu Gesundheitsthemen und politischem, etwa feministischem, Aktionismus.

Ruping, Bernd (Hrsg.): *Gebraucht das Theater. Die Vorschläge Augusto Boals. Erfahrungen, Varianten, Kritik*, Lingen, Remscheid, 1991

Vielfältige, lebendige und intensive Auseinandersetzung mit den Methoden des TdUs mit wertvollen Querverweisen zu verwandten Methoden und Theorien. Inklusive zweier Interviews mit Augusto Boal (1979 und 1989) und einem Beitrag von ihm selbst. Eine Neuauflage wäre wünschenswert.

Ruping, Bernd u.a. (Hrsg.): *Widerwort und Widerspruch. Theater zwischen Eigensinn und Anpassung. Situationen, Proben, Erfahrungen.* Lingen, Hannover, 1991

Aufsätze renommierter Autorinnen und Autoren über die politischen Dimensionen des Theaters und der Ästhetik, über Beispiele eines politischen Volkstheaters und über Theater in der Bildungsarbeit.

Schutzman, Mady und Jan Cohen-Cruz: *A Boal Companion: Dialogues on Theatre and Cultural Politics*, London, New York, 2006

Schutzman, Mady und Jan Cohen-Cruz: *Playing Boal. Theatre, Therapy, Activism*, London, New York, 1993

Steinweg, Rainer: *Lehrstück und episches Theater. Brechts Theorie und die theaterpädagogische Praxis*, Frankfurt, 1995

Staffler, Armin: *Das Theater der Unterdrückten. Ein Beitrag zu den Kulturen des Friedens. Am Beispiel Forumtheater in der Suchtprävention,* Innsbruck, 2002 (Diplomarbeit)

Thorau, Henry: *Augusto Boals Theater der Unterdrückten in Theorie und Praxis.* Rheinfelden, 1982
Das „gelbe Büchl".

Thorau, Henry: *Unsichtbares Theater.* Berlin, Köln, 2013
Das große Verdienst dieses Buches ist es, sich fundiert und ausführlich und mit dem gebührenden Respekt diese – aus meiner Sicht – oft missverstandene und missbrauchte Methode des TdUs, auszuleuchten.

Weintz, Jürgen: *Theaterpädagogik und Schauspielkunst. Ästhetische und psychosoziale Erfahrung durch Rollenarbeit*, Berlin, 2008
Ausführliche Auseinandersetzung mit Fragen der Gesellschaft, des Subjekts und der Ästhetik vor dem Hintergrund der Postmoderne.

Wiegand, Helmut: *Die Entwicklung des Theaters der Unterdrückten seit Beginn der achtziger Jahre*, Stuttgart, 1999
Schildert die Entwicklung hauptsächlich in Deutschland, mit Kapiteln über Paris und Rio de Janeiro. Zeigt die Nähe zur Tradition mittelalterlicher Wanderbühnen und widmet sich dem Lachen im TdU. Beinhaltet Projekte des Autors und lässt jugendliche Teilnehmer an Workshops und Aufführungen zu Wort kommen.

Wiegand, Helmut (Hrsg.): *Theater im Dialog: heiter, aufmüpfig und demokratisch*, Stuttgart, 2004
Dieser Band versammelt Aufsätze von Jürgen Weintz, Dietlinde Gipser, Fritz Letsch und Helmut Wiegand zu Grundsätzlichem im Theaterkonzept Boals, der Bedeutung des Lachens und seiner Verwandtschaft mit der Gestalttherapie, weiters allgemeine Beiträge zur Situation des TdUs

in Deutschland, Österreich, Italien, Kroatien und den Niederlanden und Berichte zu interkulturellen, schulischen, universitären, legislativen, gewaltpräventiven Praxisprojekten. Mit Beiträgen von Augusto Boal und Bárbara Santos.

Wrentschur, Michael: *Theaterpädagogische Wege in den öffentlichen Raum. Zwischen struktureller Gewalt und lebendiger Beteiligung,* Stuttgart, 2004
Umfangreiches wissenschaftliches Werk über die Möglichkeiten theaterpädagogischer Arbeit im urbanen Raum.

Wrentschur, Michael: *Forumtheater, szenisches Forschen und Soziale Arbeit. Diskurse – Verfahren – Fallstudien*, Weinheim, Basel, 2019
Noch umfassender. Opus magnum.

Zumhof, Tim: *Pädagogik und Poetik der Befreiung. Der Zusammenhang von Paolo Freires Befreiungspädagogik und Augusto Boals „Theater der Unterdrückten"*, Münster, New York, München, Berlin, 2012

WorldWideWeb:

Natürlich bietet das Internet eine inzwischen unüberschaubare Fülle an Projektberichten, Videos, homepages etc. von Gruppen und Aktivist*innen. Anstatt hier eine willkürliche Auswahl hinzuschreiben, die womöglich in 2 Jahren überholt ist, setze ich auf die Fähigkeit der Leser*innen mit den in diesem Buch angeführten Namen und Stichwörtern sowie dem angelesenen Wissen, eine intelligente Internetrecherche durchführen zu können.

Zeitschrift:

„Zeitschrift für Theaterpädagogik" (ehemals Korrespondenzen) hrsg. v. Ulrike Hentschel, Gerd Koch, u. a., halbjährlich.

Unter https://www.archiv-datp.de/korrespondenzen/ wurden derzeit die ersten Ausgaben digitalisiert.
Auf https://bag-online.de/zeitschrift-fuer-theaterpaedagogik findet sich eine Liste der letzten Ausgaben und Informationen zum Bezug.